AF190600

FSC
www.fsc.org

MIX

Papier aus ver-
antwortungsvollen
Quellen

Paper from
responsible sources

FSC® C105338

Andreas Müller

Ce qui semble se produire

Imprint

Bibliografische Information der Deutschen Nationalbibliothek: Die Deutsche Nationalbibliothek verzeichnet diese Publikation in der Deutschen Nationalbibliografie; detaillierte bibliografische Daten sind im Internet über www.dnb.de abrufbar.

Copyright: 2025 Andreas Müller

Coverdesign: Vivien Thomas & Andreas Müller

Translation: Yves Ledig

Verlag:
BoD · Books on Demand GmbH, In de Tarpen 42,
22848 Norderstedt, bod@bod.de
Druck:
Libri Plureos GmbH, Friedensallee 273, 22763 Hamburg

ISBN: 978-3-7597-6840-7

Contenu

Ce qui semble se produire

Les premiers « OnenessTalks » ont eu lieu il y a plus de dix ans. À l'époque, je n'étais pas du tout sûr qu'ils intéresseraient quelqu'un .

Je n'avais non seulement rien à dire, mais je n'avais pas non plus les mots pour dire que je n'avais rien à dire. Et je ne le désirais même pas. C'était juste ce qui apparemment semblait se produire - et je devais admettre que c'était parfait. Il n'y avait plus personne ici.

Au début, je me suis demandé si je ne devais pas envoyer tous ceux qui me parlaient à Tony Parsons.

Puisqu'il n'y avait et qu'il n'y a rien à dire, je n'avais rien à ajouter à son apparent message.

Mais les conversations ont eu lieu. Elles se produisent toujours. Je ne m'y attendais pas et ne l'avais pas provoqué .

Je ne les ai jamais faites et je n'ai jamais pu les arrêter. Il semble y avoir un intérêt constant pour elles, ainsi que des personnes apparentes qui semblent résonner avec ce message apparent.

Ce livre

Ce livre raconte une découverte qui n'en est pas une.
Ce livre raconte une mort qui n'est pas une mort.
Et ce livre parle d'une vie qui n'existe pas.
Je n'ai rien à dire et vous n'avez pas besoin que je dise quelque
chose. Ce livre ne contient aucun enseignement, rien
d'important.
Et pourtant... apparemment il est dit :
Il n'y a pas de « moi ».
C'est-à-dire : l'expérience d'être « là» n'a aucune substance.
Rien n'est perdu et rien ne peut être trouvé.
Il n'y a ni question ni réponse.
Il n'y a pas quelque chose.

Il n'y a personne ici

Le message de ce livre est simple. C'est l'indication apparente qu'il n'y a pas de message. Lorsque la réalité de l'ego s'avère être une illusion, il ne reste plus que la réalité naturelle.
Cette réalité naturelle est l'amour. L'amour qui ne se connaît pas. Un amour qui n'est ni spécial ni expérimenté.

Cette réalité naturelle est invariablement ce qui semble se produire. Lire ces lignes, est cette réalité naturelle.
Lire ces lignes est un amour aveugle. Lire ces lignes n'est rien d'autre que ce qui est.
C'est ceci. C'est là tout le non-secret de notre existence apparente. C'est un non-secret. La réalité naturelle est sous nos yeux. Elle reste invisible car elle est tout ce qu'il y a.
Elle reste invisible car il n'y a personne derrière nos yeux qui regarde.
Personne n'est séparé de ce qui semble se produire. Personne n'est et n'a été séparé de la réalité naturelle et personne ne pourra jamais y revenir.

Tous les enseignements, toutes les idées d'un chemin vers la perfection naissent de l'illusion qu'il existe une séparation.
Mais il n'y a personne ici. Il n'existe pas d'entité distincte.
Ni un Je, ni un Je-illusion, ni un Dieu, ni une intelligence divine ou une vérité absolue, qui s'opposerait à une vérité relative.
Apparemment, il n'y a que ce qui se passe, qui coule sans direction en dehors du temps et de l'espace,. C'est « lire ces

lignes » et tout ce qui semble se produire ou ne pas se
produire.

Les conversations suivantes, issues des entretiens avec Andreas, mettent en lumière l'irréalité du chercheur et son dilemme de ne jamais pouvoir trouver l'unité parce que tout est déjà « un ».

La réalité naturelle n'a rien de spécial.
Elle est ce qui semble se produire.

« Quand tu parles on dirait qu'il ne s'agit de rien de spécial. »

En effet, la réalité naturelle n'a rien de spécial. C'est ce qui semble se produire – et donc tout à fait ordinaire. Cependant, ce n'est pas ordinaire dans le sens où la personne le pense : ordinaire signifie familier et ennuyeux d'une certaine manière. C'est précisément le familier et l'ordinaire auquel la personne veut échapper.
Pourtant, l'harmonie et la perfection sont tout à fait ordinaires.

« Mais d'où vient cette impression de spécial ? »

Ce dont on parle ici ne fait pas partie d'une expérience personnelle. C'est pourquoi cela semble "spécial". La personne pense devoir s'efforcer d'y parvenir. C'est pour cette raison qu'elle croit cela spécial.

« Y a-t-il une élévation artificielle ? »

Naturellement ! D'où ces représentations de sainteté. La personne vit dans l'espoir d'un but apparent. Et puisque cet objectif est un épanouissement personnel, il doit être spécial. C'est pour cela que l'on vit et déploie tous ces efforts. De toute façon, la personne se vit comme quelque chose de spécial. « Je suis moi et rien d'autre » c'est déjà se prétendre spécial. « Je suis différent de tout le reste » est l'expérience d'être spécial.
D'où l'hypothèse que quelque chose d'autre de spécial doit répondre à la recherche. Vous voyez cette exagération dans toutes les traditions et religions et dans tout autre

environnement. Il y a toujours une personne, une idée, un objectif – quelque chose à admirer, à porter ou à adorer.

« N'y a-t-il pas souvent un aspect mystique ? »

Absolument. L'incompréhensible et le surnaturel ont toujours fait partie de l'expérience personnelle. La religion et la spiritualité jouent un rôle dans toutes les sociétés.
Cependant, ce dont nous parlons ici n'a absolument rien de mystique.
Et pourtant on l'ignore, car c'est introuvable. Ça ne peut pas être vu, ni expérimenté.
Il n'y a pas quelque chose du tout.

« C'est assez mystérieux. »

Du point de vue de la personne, toute la vie semble mystérieuse. Des réponses sont recherchées, parfois trouvées, mais restent insatisfaisantes. Le sentiment d'être insatisfait ne peut être abandonné. La satisfaction peut être trouvée ailleurs alors ?
Les réponses viennent-elles de quelque chose de plus élevé ?
Non.
Il n'y a rien de mystique ni rien de sacré. Tout est naturellement harmonieux et merveilleux à sa manière.

« Mais cela semble spécial. »

Ce n'est ni spécial, ni ennuyeux, ni familier. C'est la réalité naturelle.

— —

« Bonjour Andreas, une question... peut-être pourras-tu m'aider. »

T'aider ? Qu'est-ce qui te fait penser ça ?

« Tu es assis devant et tu donnes des réponses. Des conseils judicieux devraient être possibles... »

Oui, apparemment il semble que je suis assis devant. Mais tout ce que je vous donne, ce sont de réponses apparentes. Ce sont des mots vides qui n'aident personne. Ils ne sont qu'eux-mêmes. Il n'y a aucun conseil là dedans. Il n'y a même pas de réponses à trouver.
Je ne peux pas vous aider, car il n'y a personne qui sait, ni personne qui pourrait entendre.

« Je pense que tu ne veux pas m'aider. »

Aider un fantôme ? Comment cela devrait-il fonctionner ?

« Je veux juste savoir comment sortir de mes pensées. Je pense beaucoup. Tout serait plus facile si je ne faisais pas ça. Comment puis-je m'en sortir ? »

Qui est piégé dans les pensées ? Quelle conscience est distincte des pensées ? Qui ou quoi se sent conscient ou présent ? Qui comprend ?

Qui est témoin ? Y a-t-il quelqu'un ici ? Non. Celui qui veut fuir les pensées est lui-même un fantôme. Sortir de votre esprit n'est qu'une autre pensée.

Sortir de là d'abord. Et pour aller où ?

Dans le silence ? Tu n'y resteras pas longtemps et la réflexion recommencera. Où que tu penses te tourner, tu n'es pas satisfait. Où que tu penses t'être trouvé, tu restes insatisfait.

« D'accord, quelle est la solution alors ? »

Il n'y en a pas. Toute solution serait seulement un chemin à suivre. Un changement de lieu. Avec toi. Ce dilemme est insoluble. Ce qui est bien, c'est que ce dilemme n'existe pas. Parce que celui qui pense être sur un chemin, celui qui semble perdu dans ses pensées est une illusion. Un fantôme qui souffre d'un apparent inaccomplissement et tente de le remplir d'une apparente illumination. Tout cela existe – mais seulement dans le cadre d'un rêve. Tout cela fait partie de cette apparente illusion, de cette expérience illusoire de présence.

« Mon Dieu, même l'illusion n'est qu'une apparence ? »

Parce qu'il n'y a pas d'illusion. C'est le message : « Il n'y a personne » signifie qu'il n'y a ni moi, ni illusion moi.

Il n'y a là aucune substance.

Il n'y a rien qui ait une existence séparée et distincte. Il n'y a rien non plus qui suit une voie, ou qui pourrait se sentir réel.

« Se trouver » est une illusion.

« Et si quelque chose pouvait être trouvé ? »

Rien n'est jamais trouvé. Il n'y a aucune essence qui puisse être trouvée ; ni à petite échelle, c'est-à-dire en toi, ni à grande échelle dans l'univers.
Tout est vide - vide d'existence. Vide de réalité. Vide de toute chose.
Est-ce que quelque chose doit disparaître ? Bien sûr que non. Est-ce que quelque chose doit changer ? Non. Ce qui est, est déjà vide. Ce qui est, n'est pas une chose.
Être assis dans cette pièce, respirer, ressentir, les chaises, les pensées ne sont pas des choses, elles sont.

« Et que sont-elles alors ? »

Cela reste sans réponse. Personne ne sait si « s'asseoir dans une pièce » existe en fait. Qui pourrait le vérifier ?
Quelle conscience pourrait le faire ? La seule chose qui puisse attester d'une existence est une illusion. Une illusion témoigne d'une existence illusoire. La totalité ne se connaît pas. Elle ne connaît même pas son existence. Pourquoi devrait-elle le faire ?! Elle est - et elle n'est pas.

— —

« Qu'est-ce qui nous rapproche de la liberté ? »

Rien.

« Quand je fais quelque chose, que je vais à la salle de sport, le corps développe ses muscles. Quand je fais ce dont je suis capable, je suis plus heureux. Sûrement que quelque chose comme ça fait du bien ? »

Cela ne fait rien en terme de recherche personnelle. Des idées, des ouvertures de cœur, de beaux sentiments – rien de tout cela n'apporte rien. Ils sont tout ce qui semble se produire, et en cela ils sont parfaits. Mais ils n'ajoutent rien. Ils n'ajoutent rien à votre compte de bonheur personnel. La personne apparente espère toujours une valeur ajoutée. Elle espère un plus et un autre plus dans le compte « Mon Bonheur ». Mais il n'y a personne et donc pas de bonheur personnel.

« Mais si, de temps en temps tout de même ».

La recherche du bonheur est un rêve, au pays de la-la, un monde de conte de fées dans lequel on lutte et est frustré de rechercher quelque chose qui n'arrive jamais - et qui n'est pas nécessaire.

« Il y a sûrement un vrai bonheur ! »

Pas comme une expérience personnelle. Cela peut être promis – mais jamais réalisé. Et ce n'est pas nécessaire. Tout l'est déjà. Tout est déjà lui-même.

« *Eh bien, j'aimerais arriver à cette conclusion ! Par un éveil ou par la libération de l'illusion, peu importe comment tu veux l'appeler.* »

Il n'y a personne qui puisse s'éveiller, ni personne qui devrait être libéré d'une illusion.

— —

« *Dois-je venir à cette rencontre pour m'éveiller ?* »

Non, tu n'es pas obligé de venir à cette rencontre et tu n'as pas non plus besoin de t'éveiller. Tu ne peux même pas t'éveiller.

« *Mais il y a quelque chose ici, il y a un avantage à cela, je le sens.* »

Il n'y a aucun avantage. L'avantage que tu recherches est artificiel, imaginé par cette apparente entité. Qui veut s'éveiller ? Pour en faire quoi ? Ce sont des illusions.

« *Ce serait suffisant si j'étais éveillé comme toi.* »

Je ne suis rien du tout.

« *Néanmoins, tu as réalisé quelque chose. tu es assis devant et nous t'écoutons* ».

Je n'ai rien réalisé. Ce « je » qui veut réaliser quelque chose s'avère illusoire et disparaît. La chose qui dit : « Je suis ici maintenant » est exactement ce qui disparaît.

Dans cette évaporation, il n'y a pas d'obtention; seulement la merveilleuse surprise que ce qui semble se produire est déjà entier.

« Eh bien, c'est exactement la surprise que je veux vivre ! »

Personne ne vit cela. Même le simple fait de remarquer que tout est entier n'appartient à personne. Le « je »illusion n'est pas remplacé par un autre vécu.

« Le vécu » en soi s'évapore.

« D'accord, c'est ce que je veux, alors je dirais plutôt : en faire l'expérience ! »

« Le vécu » ou « l'expérience » est l'illusion de se voir comme quelque chose qui nous appartient et qui est séparé du reste : me voici, là-bas est le monde.

Dans cette configuration, je suis toujours quelque chose de différent de tout le reste, pas seulement conceptuellement, mais en tant que réalité vécue.

C'est exactement cette configuration qui n'existe pas.

— —

« Mais de quoi parle-t-on ici ? »

Nous parlons de ce qui semble se produire. Pour personne et sans raison. Comme ça. C'est si simple et si facile.

«Mais cela ne met pas fin à la recherche ! »

Non. Mais parfois cela peut être la fin du chercheur.

« D'accord, cela vaudrait le prix d'entrée. »

Cependant, rien n'arrête le chercheur à moins que ce ne soit ce qui semble se produire. Le chercheur lui-même est déjà ce qui semble se produire. Et le souhait du chercheur de mettre fin au chercheur n'est encore que de la recherche. C'est encore une fois ce qui semble se produire.

« Oh la la, je vais laisser tomber alors. Ensuite, je m'abandonnerai à ce qui semblera se produire. Ou à ce qui n'arrivera pas. Ou peu importe ! »

Personne ne doit et ne peut s'abandonner à ceci. Tout est déjà donné. Tout est déjà comme c'est.
Tu veux une nouvelle expérience. Tu veux t'abandonner et en même temps être là pour profiter de ton abandon. C'est compréhensible mais impossible.

« Ah, c'est possible ! J'en fais l'expérience de temps en temps ! »

Tu vis une expérience d'abandon. Vous êtes témoin de l'expérience d'abandon et en restez ainsi séparé. C'est bien, mais illusoire. Et bien sûr, ce n'est pas grave que ce soit illusoire.

« Merci pour "rien" ! »

——

« L'ego doit-il d'abord souffrir pour être libéré ? »

La souffrance n'est pas une condition préalable pour que l'illusion cesse.

De nombreuses personnes vivent de très mauvaises choses : la faim, la fuite, la violence, la destruction. Et lorsque c'est ce qui semble se produire, « Je suis » se lève toujours, prie et trouve un nouvel espoir.

Si ce n'est pas ce qui semble se produire, peu importe que les circonstances soient bonnes ou mauvaises, cela n'arrive pas.

Le dilemme est qu'il n'y a même pas de véritable illusion de l'ego. À cet égard, la question des bonnes ou des mauvaises circonstances est une fiction.

La personne apparente veut savoir, quelles circonstances mènent à la compréhension.

« Dois-je souffrir ? Dois-je être reconnaissant ? Dois-je chercher ? Ou dois-je arrêter de chercher ? »

Du point de vue de la personne, la libération est une sorte de rédemption personnelle. Mais cela n'existe pas.

Personne ne doit être libéré. Là libération, c'est qu'il n'y a pas de non-libéré.

—---

« J'aimerais bien vivre encore un peu. Je vois que mon corps reste en bonne santé. J'espère que quelque chose ne va pas aller de travers. »

En fin de compte, le corps ne se soucie pas de savoir s'il vit ou s'il meurt.

La seule chose qui veut vivre, c'est l'illusion d'être un moi séparé et vivant.

Ce moi veut vivre pour trouver un accomplissement. Il veut rester en vie parce qu'il a l'impression de ne pas avoir encore pleinement vécu.

Ce moi illusoire vit dans l'hypothèse qu'il y a encore quelque chose à venir : l'épanouissement, la libération, l'arrivée tant attendue.

Il veut ressentir que tous ses efforts en ont valu la peine. Il ne veut pas mourir, pas encore, parce qu'alors tous ses efforts auront été vains.

« Oui, c'est très compréhensible ! »
Oui tous ces efforts sont effectivement vains. Il n'y aura pas un moment à la fin où tout ceci aura été payant. Car cette vie - la vie du moi n'a jamais commencé.

C'est une illusion qu'il y a là quelqu'un qui est né, qui vit maintenant et qui dans un futur fera quelque chose, que ce soit aimer, haïr ou mourir. Il n'y a tout simplement personne.

« Qui est sensé croire cela ? »

Il n'y a personne, mais ce qui est, est naturellement évident. C'est déjà l'amour. Un amour inconditionnel. Mais cette entité, qui veut faire sa propre petite cuisine, qui cherche sa propre illumination, qui croit être vivant et croit mourir à un moment donné, cette entité-là n'existe pas.

« Mais c'est exactement ce que je crois ! »

C'est l'expérience apparente. Elle repose sur le ressenti d'être présent, d'être conscient, d'être séparé. Pourtant il n'y a strictement personne.

« Désolé, ce n'est pas mon monde ! »

Il n'existe aucun monde dans lequel existerait une chose telle qu'un moi ou un non-moi. Cette expérience de l'existence n'a aucune substance.

« Alors là, j'abandonne. »

Il n'y a personne.

— —

« J'ai toujours recherché l'absolu, quelque chose au-delà des apparences changeantes. »

Oui, la recherche de l'absolu, c'est l'espoir qu'il existe quelque part quelque chose de permanent. L'ego cherche l'ami parfait, quelque chose qui est toujours là. Comme toi.

« Est-on toujours là ? »

Cela se ressent comme ça.
En tant que personne apparente, vous avez l'impression d'être en vie depuis trente, cinquante ou soixante-dix ans.
Vous ne pouvez vous en souvenir que très peu, sans parler du temps passé en sommeil profond. Pourtant, la personne a l'impression d'exister en permanence. Et lorsque l'histoire personnelle reste silencieuse, cette existence semble même éternelle.
De ce sentiment naît la recherche de l'absolu. Il doit y avoir un bonheur absolu, une vérité absolue, une illumination absolue.

« Et ? »

La recherche de l'absolu reste aussi infructueuse que la tentative de s'accomplir dans le relatif. Même essayer d'être satisfait en tant que personne de ce que vous vivez, échoue.
S'éprouver dans la séparation, c'est inévitablement se mettre en relation.
Et c'est précisément cette expérience relative qui est insatisfaisante et crée l'idée d'absolu.

« D'accord, je vais arrêter de la chercher alors. »

Oui, le relatif n'est de toute façon pas réel.

Dans la libération, l'absolu et le relatif s'effondrent tout simplement. Assis ici et se parlant, l'apparent relatif- est à la fois absolu et totalement lui- même.

— —

« Est-ce que tout est le destin ? Ou peut-on influencer un peu quelque chose ? »

Ce sont deux idées qui découlent d'une expérience personnelle.

D'un côté, « tout est destin » et « on ne peut rien faire » ou « tout arrive simplement ». C'est le point de vue de la victime - ou de l'observateur.

De l'autre côté c'est l'expérience de l'auteur ou du créateur de l'expérience.

L'apparente personne se vit aussi comme agissante.

De là viennent les concepts comme « Tout est créé par moi-même » ou « Je dois penser positivement » ou « Dieu agit à travers moi ».

« Et il y a quelque chose dans les deux. »

Les deux perspectives sont illusoires. Il n'y a ni victime ni auteur, ni observateur ni créateur. L'idée est que vous pourriez devenir un observateur absolu en tant qu'ego et donc être libre.

Il y a l'idée que vous êtes le créateur absolu et que vous pouvez créer la vie que vous voulez. Deux directions spirituelles. Tout se passe dans le pays des rêves. Faire et ne pas faire semble arriver. Il n'y a ni observateur ni personne qui agit.

« Je me vis à la fois comme acteur et observateur. »

Le corps expérimente – apparemment. Le corps ressent, pense, agit, réagit.
Il y aurait libération si l'expérimentateur - c'est-à-dire celui qui s'imagine vivre dans le corps - disparaissait en tant qu'illusion.

« D'accord, je suis prêt pour ça. Ce serait la dernière étape de la connaissance de soi. »

Ce qui s'identifie et croit se reconnaître est illusion.
Ce qui se reconnaît comme illusion est aussi illusion.

« D'accord, et apparemment, personne ne peut accélérer cette illusion. C'est le destin ou prédestiné. »

D'une part, personne ne peut choisir. Et d'un autre côté, il n'existe aucune réalité certaine. Le destin et la prédestination semblent crédibles, car ils correspondent à l'expérience de l'ego. Mais c'est exactement seulement comme c'est.

« Je n'ai pas l'impression que tout soit si évident. Je dois pouvoir décider un peu par moi-même. C'est du moins ce qu'il me semble. »

Oui, du point de vue de la personne, il semble qu'elle puisse décider. L'expérience semble confirmer le libre arbitre, pas toujours, mais assez souvent.

Pourtant il n'y a personne qui peut choisir ce qu'il veut, et personne ne peut faire ce qu'il veut.

— —

« Tu parles beaucoup du fait que prétendument tu ne sais rien. Comment ça marche ensemble ? »

Je ne sais pas que je ne sais rien. Si je savais que je ne sais rien, je ne pourrais pas donner ces entretiens. Il y aurait alors ici quelqu'un qui sait qu'il ne sait rien.

« La non-connaissance est vraiment le meilleur choix ! »

Personne ne le sait.

— —

« Le monde est-il réel ou non ? »

Tu ne peux pas prendre parti. Tu ne peux pas atterrir quelque part. Il n'y a pas d'arrivée.

« Mais peux-tu expliquer le réel et l'irréel ? »

Une chaise est complètement une chaise, une pensée est complètement une pensée, l'illusion d'être une personne est entièrement et totalement cette illusion. C'est le côté réel, le côté plein, le côté ardent d'être là.

Irréel signifie qu'aucun de ces éléments n'a une existence séparée et indépendante. Tout est vide. C'est le côté cool, neutre, observateur, retiré de la vie.

Eh bien, les deux côtés sont en tant que tels illusoires.

Il n'y a pas vraiment deux aspects, réel et irréel. Dans la libération les deux côtés supposés se dissolvent dans l'inconnu. Cette unité-vacuité est tout - des chaises, des pensées, des sentiments, moi, vous, la pièce – mais pour personne. Il n'y a rien de séparé qui puisse en faire l'expérience.

« Une sorte de pure reconnaissance de soi... »

Il n'y a pas non plus de reconnaissance de soi, comme pourrait le supposer la personne apparente. La personne espère s'éveiller à cette vacuité-unité. La personne espère s'éveiller et se reconnaître comme une vacuité-unité afin de ne plus avoir de problèmes. Ce dont je parle est plus proche encore que d'une connaissance.

« Est-ce qu'on s'en rapproche ?

Ce qui semble se produire ici, c'est une indication vers soi-même.

Il n'y a ni véritable mouvement ni véritable reconnaissance de soi. Et en même temps c'est évident et parfait.

— —

« Il n'y avait « personne ici» depuis un jour ou deux maintenant. Il était évident qu'il n'y avait rien de spécial. C'est tout à fait ordinaire. »

Oh oui, la réalité naturelle est très naturelle. Elle est, ce qui est toujours déjà là. Il n'y a rien de spécial chez elle.
La seule chose qui se sent spéciale c'est la personne apparente.
Cette personne dit « je suis moi » et prétend être différente de tout le reste.
Dès lors, la table et moi sommes différents. Dès lors, je suis séparé du monde et spécial. N'être personne, ce n'est pas être spécial.

« Alors c'est être normal, pour ainsi dire... »

Se sentir normal serait encore trop spécial. Il n'y a aucune expérience d'être.

« Ce que j'ai vu, c'est que la « personne » n'a pas de réalité et donc toute forme d'enseignement est absurde. »

Tu peux proposer toutes sortes de doctrines et de théories, elles sont toutes absurdes. Tous les enseignements s'adressent au supposé « je ». Mais il n'y a personne.

« J'ai toujours pensé que c'était spécial. Que toi et ce message étaient extraordinaires. »

Il n'y a rien de spécial.
Ni les bouddhistes, ni le président, ni moi, ni la libération, ni aucun sentiment ou pensée ne sont spéciaux. Tout est exactement ce qui semble se produire. Toute l'impression de particularité commence par l'impression qu'a la personne d'être elle-même spéciale.
Cette expérience laisse supposer qu'il existe quelque chose de spécial là-dehors et il s'agirait de trouver cette chose spéciale.
Peut-être qu'Andreas a ce que je cherche, la seule chose qui mettra fin à ma recherche personnelle très particulière avec ma douleur très particulière. Mais rien n'est différent du reste avec un sens plus profond.
Vu ainsi, tout est sans valeur. C'est pourquoi il n'y a rien à trouver.

« Ce qui m'est arrivé, lorsque je me suis assis dans la voiture et que j'étais en route, c'est que je ne conduisais pas vraiment d'un point à un autre. Il ne s'est rien passé. Ce qui est étonnant, c'est que tu ne peux l'expliquer à personne. »

Ne t'embête pas à expliquer quoi que ce soit. Ce dont nous parlons n'est pas un certain état ou d'un certain point de vue.
Ce que tu as décrit n'est qu'un scénario apparent. Il n'y avait personne quand c'est arrivé. On ne peut rien dire sur le fait que c'était comme ça. C'était juste comme ça.

« Même maintenant que « je » suis de retour, je ne peux rien en faire. »

Et tu ne pouvais rien en faire non plus à ce moment-là.

— —

« Je dois pourtant être capable de faire quelque chose. »

Tu ne peux, ni faire quelque chose, ni ne rien faire.
Tu n'avances pas, ni ne restes sur place.
Il n'y a personne.

« Et comment cela peut-il être reconnu ? »

Cela ne peut être reconnu du tout. Il n'y a pas de réponse à cela.
Toutes ces questions ne trouveront jamais de réponse : « Que dois-je faire pour le devenir ? », « Comment puis-je agir pour être heureux ? », «Que dois-je penser, que dois-je ressentir ? Ce qui se pose ces questions n'a aucune substance.
Cette présence est le rêve.

« Alors il n'y a pas de réponses ici ? »

Il n'y a même pas de questions ici. Celui qui pose la question est l'illusion.

Le chercheur apparent conceptualise des questions apparentes et des réponses apparentes. Les réponses et les vérités sont supposées créer un sentiment de sécurité. Le rêve du moi ne laissera jamais tomber.

« Bon, d'accord, alors j'aimerais quitter le rêve ! »

Et donc tu continues de rêver.

« Suis-je « je-suis" ?

« Certains disent que l'épanouissement réside simplement dans l'être. Juste être ici. Je n'arrête pas de l'oublier. »

C'est l'hypothèse de la part de la personne apparente, qu'elle devrait seulement être et qu'elle se libérerait de la recherche. Mais « être » est déjà.

« Je pense que Ramana Maharshi a également dit qu'il faut simplement être soi-même. »

Personne ne devrait ou ne pourrait faire cela. Il n'y a pas une réponse qui vous attend à la fin de la recherche. Vous êtes déjà tel que vous êtes. Que pourrait-on faire d'autre ?

« Eh bien, cela pourrait sembler un peu plus épanouissant. »

Il n'y a aucun changement qui apporte l'épanouissement. C'est déjà la plénitude en dehors de l'espace et du temps, apparemment, s'écoulant sans direction.
Ramana a peut-être parlé de cette extraordinaire normalité.
Il n'y a rien de sacré là-dedans.

« Tout à fait normal, sans effort. »

Oui, c'est sans effort. Mais pas parce que c'est un état qui doit être maintenu complètement détendu. Ce n'est pas sans effort, car la réalisation est encore plus simple que ça.
La simplicité est la réalité naturelle. Tout est lui-même sans effort. Il n'y a pas de chemin de réalisation. Il n'y a pas de véritable « Eureka ! ».

— —

« Tu dis que rien n'existe vraiment. Mais apparemment, il y a au moins toi, et d'après mon impression, moi aussi. »

Oui, le sentiment « je suis »donne l'impression qu'il y a là quelque chose.

Le fait que j'expérimente quelque chose semble être la preuve de son existence. Je ressens que je suis, alors ça doit être ainsi. Je m'expérimente, donc j'existe aussi. Pourtant cette expérience de soi n'a aucune réalité. La libération c'est la disparition de ce sentiment apparent d'exister.

Mais ce n'est pas une expérience. Il n'y a pas de soi qui fait l'expérience de lui-même. Aucune conscience qui soit consciente d'elle-même.

Cette illusion peut apparaître, et dans cette illusion, cela semble réel.

Si l'illusion s'évapore, il ne reste plus rien qui en fasse l'expérience.

Il n'y a alors plus aucune expérience d'être. Il s'avère qu'elle n'a jamais vraiment existé.

« Cela ne m'aide pas du tout. »

Cela n'aide pas. Et il n'existe aucun moi qui aurait besoin d'aide.

Il n'y a ni la personne ni son inconfort. Il n'y a rien à trouver. La réalité séparée dans laquelle quelque chose pourrait être perdu n'existe pas.

« En tant que concept, cela peut paraître plausible.. »

La personne apparente ne peut le comprendre qu'en tant que concept. Mais quand je dis qu'il n'y a personne, ce n'est pas un concept, c'est très concret !

« Quoi, qu'il n'y a personne ? Hello, mais je suis là ! »

Oui. L'impression que quelque chose existe - chez la personne comme en général - repose sur l'expérience apparente d'exister. Cette expérience peut paraître personnelle et impersonnelle, neutre et éternelle. Mais cela se produit toujours ici et maintenant.
« Ici et maintenant » est une expérience temporelle et spatiale : c'est exactement ce qu'est l'expérience personnelle. Il n'y a rien de mal à cela. Et pourtant, toute l'illusion vient de cette apparente présence subtile et innocente d'une personne avec son histoire personnelle - ainsi que l'illusion d'une existence immense là-dehors.

« Ca existe en apparence, mais ça n'existe pas ? Ce serait la fin de l'existence. »

La fin apparente. Parce que rien n'a jamais vraiment existé.
C'est la fin de l'illusion de l'existence.

— —

« Je ne suis pas censé être réel – tu admettras que c'est difficile à comprendre. »

C'est impossible à comprendre. La personne apparente ne peut pas imaginer sa propre non-existence. Elle ne peut pas faire l'expérience de l'absence d'elle-même.

« Alors je n'ai aucune chance. »

C'est exact. La libération n'est pas l'achèvement d'un processus personnel. C'est la fin de l'expérience de la présence.
Mais l'absence ne peut pas être vécue non plus.
C'est la fin de la personne. La libération ressemble à la mort.

« Et cela arrive soudainement et sans raison ? »

La fin est toujours une surprise. "Oh, c'était ça ?!" C'est inimaginable. Dans l'expérience personnelle, les choses peuvent changer, disparaître, se dissoudre. Il se peut que le partenaire disparaisse.
Que des vérités fiables se révèlent être des illusions. On ne s'attend pas à ce que le vécu de l'expérience disparaisse. En tant qu'idée, cela est peut-être possible. Ce que c'est réellement est inimaginable.

« *Je pense que je préfère ne pas vivre ça.* »

Tu ne le vivras pas.

— —

« *Comment peux tu dire qu'il n'y a personne ? Se pourrait-il que tu sois dans une autre illusion ?* »

Quand je dis qu'il n'y a personne, c'est une information de la part de personne, ce n'est pas une affirmation d'une expérience de prise de conscience.
La phrase « Il n'y a personne » ne décrit pas le contraire de « il y a moi».
La présence et l'absence sont tous les deux illusoires.

« *Oui, et peut-être que ce n'est qu'une autre illusion !* »

Il n'y a aucune illusion.

« Mais moi, alors-hmm. »

Il n'y a personne qui vit dans une illusion.

— —

« *Cela peut paraître fou, mais je comprends tout ce que tu dis. Je pourrais me donner toutes les réponses.* »

Et?

« *Et pourtant, je suis assis ici.* »

Parce que toute la sagesse, les idées et les réalisations sont inutiles. L'espoir est que cette connaissance t'apporte quelque chose.
Que cela t'amènera plus loin sur le chemin.
Mais toute connaissance est vide. La réalité dans laquelle la connaissance pourrait avoir lieu n'est pas réelle.

« *Cela signifie-t-il vivre dans « le non savoir » ?* »

"Le non-savoir" n'est pas un état dans lequel n'importe qui peut entrer.
C'est la réalité naturelle.
En revanche, le savoir est illusoire. Et je ne parle pas seulement de connaissances intellectuelles. L'illusion de la connaissance repose sur l'illusion de vivre dans un monde, dont on peut réellement faire l'expérience.

« *Peut-être, mais tant que j'ai l'impression de vivre dans un monde réel, ces connaissances me seront utiles.* »

L'espoir derrière tout cela est que tu puisses arriver à t' en libérer en connaissance de cause. Qu'il y a une vérité. Une vérité dans ta propre histoire – ou une grande vérité universelle. Et qu'en trouvant cette vérité, le désir d'être libre serait exaucé.

« N'est-ce pas comme ça ? »

La recherche de la vérité est un symptôme de séparation.

« D'accord, et ce sentiment de séparation devrait cesser.
Je ne veux rien de plus. »

On ne peut rien y faire. Le fait que quiconque est séparé est déjà une illusion. Dans cette illusion réside l'espoir que ma vie, mes expériences, ma présence sont d'une certaine utilité.
Pour le monde, pour les autres ou du moins pour moi. Ils ne le sont pas. Le soi apparent veut utiliser son existence pour devenir un soi épanoui. Ce ne sera pas le cas. Tout est déjà parfait. La complétude ne peut être travaillée, atteinte, expérimentée. La complétude est la réalité naturelle.

« Désolé, je ne trouve pas. »

Non. "Je" ne peut pas trouver cela.

— —

« Que penses tu de l'idée de s'aimer soi-même ? »

C'est une idée. Cela nécessiterait d'abord un moi qui ne s'aime pas. Mais l'amour est la réalité naturelle. Il n'est pas nécessaire de l'atteindre.

« Je travaille à m'aimer et à m'accepter. »

C'est ok. La personne essaie de surmonter son expérience de séparation par une expérience d'amour. Elle veut être pleinement aimée et pouvoir aimer pleinement. Alors elle commence à y travailler.
L'espoir est de finir par vivre inconditionnellement dans l'amour et d'agir par amour. Mais il reste encore à œuvrer pour atteindre cet objectif jamais atteint. La personne recherche quelque chose qui n'existe pas : l'expérience personnelle de l'amour impersonnel.

« L'expérience personnelle de l'amour personnel me suffirait. »

Les étagères sont pleines de livres qui montrent ce chemin.
Le besoin d'être aimé et de s'aimer dépasse tout le reste.
Derrière cela se cache le désir de libération. C'est la recherche d'un état dans lequel tout va bien. La recherche est vaine. Cela suppose une séparation qui n'existe pas. Tu es déjà l'amour. Ce n'est pas quelque chose que tu dois réaliser, mais ce n'est pas non plus quelque chose que vous pouvez apprécier en tant qu'expérience.

« J'aimerais vraiment le vivre ! »

Je n'y suis pas parvenu.

« Quoi ? toi non plus ? »

Je n'ai pas réussi à m'aimer inconditionnellement et définitivement. Lorsque l'illusion ''je'' s'est effondrée, cela n'était plus nécessaire.
Je n'ai pas besoin de savoir que je suis quelqu'un d'adorable.
L'expérience d'être quelqu'un est de toute façon illusoire.

« Est-ce que cela a un impact sur la vie de tous les jours ? »

Cela n'a aucun effet sur ce qui semble se produire. C'est l'amour, exactement tel qu'il est. Ce « Exactement tel qu'il est » n'est pas statique. Il semble y avoir un changement constant. Cela n'entraîne aucun développement, mais l'amour est ce qui semble se produire.
Dans l'histoire quelque chose peut changer.
La recherche de l'amour et ses comportements de compensation peuvent se dissoudre.

« Tu ne cherches plus l'amour... »

La recherche de l'amour par l'ego est associée à la tension, à la lutte et à la manipulation. Quand il n'y a plus personne, tout ceci disparaît.
Ce qui reste, c'est l'amour. Complètement naturel.

« Okay, alors je veux être personne.»

Il n'y a déjà personne.

« *Je ne le remarque pas.* »

Et bien voilà !

— —

"Parfois j'ai peur de la mort et je pense que je veux mourir, parce que ce serait une sorte de libération. Mais la vivre avant serait encore plus beau?"

Oui, l'énergie de l'absolu et de la liberté est extrêmement attractive pour le soi apparent. Il aspire à cela.
Mais plus il s'en rapproche, plus il se rend compte qu'il n'y survivra pas.

« *Je crois que je franchirais cette étape.* »

Il n'y a pas d'étape. L'impression d'être séparé est une illusion. Le sentiment d'avoir une existence autonome, une existence qui pourrait prendre fin, fait partie du rêve.

« *Quand cette illusion prendra-t-elle fin ?* »

Jamais.

« *Quoi !?* »

Rien ne finira. Il n'y a ni illusion, ni illusion-je. Finalement il ne se passe rien. Parce qu'il n'y a jamais eu personne. Attendre que quelque chose se termine fait également partie de l'apparente illusion-je.

« Est-ce comme mourir encore et encore ? »

Non. Personne ne vit d'instant en instant. Ainsi, personne ne meurt encore et encore. Ce qui est, est intemporellement ce qui est. Il n'y a aucun pas de la présence vers l'absence.

« Je ne peux pas faire ce pas, mais moi je suis là. »

Cette présence vécue est déjà inexistante.

— —

« Tu prétends parfois qu'il n'y a aucune expérience. Lorsque je marche le long de la plage, je ressens le sable sous mes pieds. Et si je mange un morceau de chocolat, je l'expérimente - heureusement ! Est-ce que je me trompe ? »

Justement : cette configuration « J'éprouve que je mange du chocolat » n'est pas réelle. On ne parle pas de « manger du chocolat », mais de l'expérience de manger du chocolat.
Ce point de vue séparé est l'illusion : ce « je » est distinct de manger du chocolat.

Il n'y a ni expérimentateur ni expérience de manger du chocolat.

La personne apparente est toujours séparée. Elle n'est jamais la nourriture chocolatée elle-même..

Elle en fait simplement l'expérience. Elle ne ressent jamais le sable sous les pieds ; elle l'éprouve simplement d'un point de vue distinct. Apparemment.

Parce que précisément ce point de vue séparé n'existe pas. Ce moi qui pense expérimenter quelque chose n'est pas réel.

« Le pauvre! Tu peux manger autant de chocolat que tu veux et tu ne le remarques même pas ! »

Personne ici n'en fait l'expérience. Vous non plus. Vous pouvez avoir l'illusion d'une expérience ; ce n'est pas réel. Il n'y a aucune expérience réelle de quoi que ce soit.

« Quand tu fais quelque chose de bien, tu ne l'apprécies pas. »

Non, ça n'arrive pas. Je « suis » ce quelque chose de bien. Il n'y a pas de soi qui en soit séparé et qui le découvrirait. Parce que l'ego ne peut en faire que l'expérience, il doit au moins essayer de l'apprécier.

Mais l'apprécier reste une consolation, une expérience.

L'idée que l'on puisse apprécier est l'idée que l'on peut expérimenter d'une bonne manière. C'est pourquoi il existe tant d'idées sur la façon de profiter de la vie, de préférence profiter de chaque instant. C'est ce qui se cache derrière l'idée de l'illumination : que vous puissiez alors tout apprécier, y compris la douleur et la souffrance.

« N'est-ce pas comme ça ? »

C'est comme ça pour personne. Quand la séparation s'avère être une illusion, tout est harmonieux et parfait.

« Et c'est tout ce que je veux ! »

Mais personne n'en fait l'expérience. Manger du chocolat, c'est juste manger du chocolat. Personne n'apprécie.

« J'aimerais être ce "personne". »

Quelqu'un d'autre a ce souhait ?

— —

« Quelle est la différence entre le sommeil profond et la conscience éveillée ? »

Il n'y en a pas. La personne apparente croit vivre une différence. Elle se vit comme présente « maintenant et ici » et fait ainsi la différence avec avant.
La naissance apparente de « Je suis» est comme l'expérience du réveil le matin. De nulle part, une existence semble soudainement s'éveiller, quelque chose qui se ressent elle-même comme étant présente.

« Et l'histoire commence... »

Pas immédiatement. Cela commence par une expérience de présence.
Il s'agit d'une expérience de soi qui ne nécessite initialement aucun traitement mental. Il faut du temps pour se souvenir de sa propre histoire. Cette expérience de présence même est illusoire.

« Mais le réveil est réel. »

Même au réveil, personne ne se réveille.

« Mon Dieu, comment se fait-il que je me vive comme ça, alors que ce n'est pas comme ça ! »

La question suppose une circonstance qui n'existe pas, à savoir une véritable expérience de soi. Même si cela semble être le cas, ce n'est pas quelque chose qui se produit réellement.
Ce moi qui croit faire l'expérience de lui-même est une illusion.

« Je suis venu ici pour entendre quelque chose comme ça. Et maintenant me voici. »

Tu n'es ni ici ni maintenant, et tu n'es pas non plus venu ici. Tu n'as jamais vraiment existé en tant que "je".

« Oh, mon Dieu, alors laissons tomber cette illusion ! »

Il n'y a pas ici d'« illusion moi » qui puisse être laissée tomber.

« Je n'en peux plus. »

Tant mieux.

— —

« Ça me rappelle l'histoire "Les habits neufs de l'empereur".
Le message est similaire. »

Oui, la personne apparente s'habille de son histoire personnelle.

« Et est-elle nue dans la réalité ? »

Sans histoire personnelle, elle est nue. Être pur-présence nue. Cependant, on peut alors avoir le sentiment d'être vulnérable. La personne enfile des vêtements pour ne pas être nue.

« Le Roi nu voudrait une confirmation de cela. »

Que ce soit un roi qui revêt l'histoire des rois, un sujet qui revêt l'histoire des sujets, que ce soit les gourous avec leurs histoires, les disciples, les pauvres, les riches, les conformistes ou les rebelles… finalement, la nudité reste un costume. Les disciples ne voient dans leur gourou que ce qu'ils savent d'eux-mêmes : une histoire personnelle.

« Et que serait alors la libération ? »

La libération serait si ce « quelqu'un » s'éteignait. Il n'y aurait personne, ni habillé, ni nu.

Alors il n'y a plus personne. C'est la fin de toutes les histoires personnelles qui s'accrochent à la conscience pure.

Dans l'image selon laquelle nous ne sommes pas notre histoire, il y a l'espoir que nous sommes tous pareils, mais identiques en tant que "je".

Quiconque est privé de son histoire personnelle se retrouve les mains vides. À cet égard, tout le monde semble être pareil. Ce dont parle ce message, c'est que personne n'est là du tout. Le sentiment d'être là et d'être nu est une illusion.

« Cela rappelle Adam et Eve. »

En goûtant à l'arbre de la connaissance, ils se rendirent compte qu'ils étaient nus. Ils ont ensuite dû le dissimuler immédiatement. Au sens figuré, cette nudité est l'expérience de la présence.

C'est cette expérience qui semble soudain vous séparer du paradis et vous laisse là, nu. Lorsque vous vous reconnaissez ou ressentez que vous êtes « là », vous êtes d'abord nu.

Le sentiment de honte est un sentiment d'être vulnérable. Cependant, ce que dit ce message ici est que vous n'êtes pas nu. Il dit que cette première conscience de soi n'est pas réelle.

Personne n'a été expulsé du paradis. Personne n'est obligé d'y retourner. La séparation est illusoire.

« La réalité naturelle est-elle nue ? »

Tout est lui-même, d'une manière nue et simple. Il n'y a aucune possibilité de manipulation ou d'être autre chose.
Il n'y a ni intention ni double fond. La nudité serait alors la réalité naturelle – mais elle ne se vit pas par quelqu'un ! C'est le paradis.
Avant qu'Adam et Ève ne se réveillent en tant qu'individus, il n'y a que le paradis.

« Et puis ils se réveillent avec leur malheur ! »

Cet éveil à vous-même n'est pas réel. Il n'y a pas de séparation avec le paradis.

« Décrirais-tu l'unité comme un paradis ? La guerre fait-elle aussi partie du paradis ? »

Ce qui semble se produire est naturellement complet. Cette complétude n'est pas logique et ne peut être vécue d'un point de vue séparé.
Mais l'expérience de l'incomplétude s'évapore avec l'apparente illusion de "je". Cette expérience d'incomplétude n'est pas remplacée par l'expérience de la complétude.
Ce qui est, est naturellement paradisiaque. Mais pas de manière personnelle.

« Je ne connaîtrai jamais le paradis... »

L'expérience « je » va de pair avec l'impression que quelque chose ne va pas. C'est l'expulsion du paradis. Oui, on paie l'illusion d'être conscient avec le sentiment qu'il y a un problème quelque part.

« Et ça doit disparaître. »

Le sentiment qu'il y a un problème s'évapore avec le « je » sans jamais avoir besoin d'être résolu.

« Il disparaît. »

Il n'a jamais existé.

—— ——

« Y a-t-il le temps ? Ou y a-t-il seulement ce moment présent ? »

Devenez ni un passé, ni un futur, ni un moment présent.
La perception du temps est basée sur l'expérience personnelle.
«Je suis ici maintenant» est cette expérience personnelle. Et ce petit «maintenant» crée l'illusion du temps.
Je ne parle pas du sens de l'heure. L'apparent chercheur comprend très bien que le temps est un concept créé par les humains. L'apparent chercheur finit aussi par remarquer que

le temps est relatif. Ce que l'illusion apparente "je" ne peut pas expérimenter, c'est l'intemporalité.

« *De temps en temps je me sens intemporel.* »

Quand a eu lieu cette expérience ? Pendant ce supposé moment ?
Sans l'histoire personnelle, l'expérience de pure présence peut sembler libre du temps et sembler éternelle. « Je-suis » comme expérience énergétique sans restriction.

« *C'était un moment éternel.* »

Oui, « Il n'y a que ce moment » fait autant partie de l'expérience personnelle que « ce que je suis est une conscience éternelle ».
Les deux sont des expériences du temps, et l'expérience du temps fait partie du rêve. Il n'y a pas d'événement réel. Rien ne se passe.

« *Il ne se passe rien ?* »

Le sentiment que quelque chose se passe vient d'une expérience personnelle. Elle se perçoit comme « en ce moment je suis ».
Si cela se dissout, il ne reste rien qui se ressente comme se produisant.

« D'accord, peut-être que je ne vois pas cela comme un gros problème. Mais malheureusement, je ne peux pas ignorer le fait que je vis dans le temps. »

Oui, tant qu'il y a l'illusion que quelqu'un est là, il y a aussi le sentiment d'être soumis au temps et être sur un chemin. Dans la culture occidentale, on n'a qu'une seule vie pour s'épanouir personnellement.

Il faut s'organiser. On est sous pression.

Certaines cultures orientales ont la tâche plus facile. Si vous avez beaucoup de renaissances, vous pouvez y aller doucement. La douleur va pousser à chercher.

« Mais on ne peut vraiment rien manquer ? »

La personne manque de perfection à chaque instant. Seulement en apparence, car tout est déjà parfait. L'illusion est que vous pouvez utiliser votre vie.

L'espoir est que vous puissiez trouver quelque chose dans cette vie et dans votre propre présence. Et que cette découverte doit avoir lieu avant votre mort.

« C'est clair ! Dois-je attendre de mourir ? »

Pourquoi pas.

— —

« Est-ce que le moi tourne en rond ? »

Vous pouvez dire ça. Toute la recherche repose sur l'hypothèse que quelqu'un est là. Ainsi, toute recherche commence par « je suis » et se termine par « je suis ».
Je ne suis pas accompli - je fais quelque chose - j'ai trouvé.
Ce qui ne change jamais, c'est le « je suis ». Ce qui ne change jamais, c'est l'illusion de la séparation et de l'incomplétude.
« J'ai » et « je n'ai pas » sont les deux faces de la médaille « Je ».

« Cela signifie que personne ne va jamais plus loin. »

Oui. Le sentiment de progresser dans la recherche fait aussi partie de l'expérience illusoire. La personne ne progresse pas dans la recherche de l'épanouissement.

« Mais le sentiment d'être sur un chemin ? »

Cela fait partie de l'expérience d'être quelqu'un. Bien entendu, cela inclut également les moments où la personne se rend compte qu'elle n'a fait aucun progrès. Elle a alors l'impression d'être rejetée à son point de départ. Elle reste là les mains vides.

« Là il ne reste que du vide. »

Mais il y a encore quelqu'un.

« On ne peut pas se secouer. »

La personne ne peut pas se secouer. Peu importe ce qu'elle vit, aussi bon que cela puisse paraître, elle est toujours là pour le vivre comme étant insuffisant. Chaque aperçu, chaque beau sentiment n'est qu'expérimenté - et reste donc séparé, étant une partie - et reste dans le rêve.

« J'adorerais en finir avec ça. »

Mais il n'y a personne. Le rêve n'est pas réel. Vous pouvez y travailler autant que vous voulez. Il n'y a pas de réalité à « Je ». Il n'y a aucun moyen ni aucune mesure à prendre. Il n'y a rien à faire.

« Il y a quelque chose que Jésus a dit : "Regardez les oiseaux, ils ne sèment pas, ils ne moissonnent pas..." »

Eh bien, c'est ça. Pour le chercheur apparent, la recherche est comme la graine. Il semble qu'elle soit la condition préalable pour pouvoir trouver quelque chose. Pour le chercheur, la recherche semble absolument nécessaire, mais rien ne peut être trouvé.
Rien à semer, rien à récolter.

— —

« Faut-il souffrir pour que le moi s'évapore ? Il existe de nombreux témoignages de personnes libérées qui ont beaucoup souffert auparavant. »

Non. L'ego ne cesse de se relever, de prier Dieu ou d'espérer que tout ait un sens. La maison est bombardée, la famille est assassinée, il n'y a rien à manger – "je" continue d'espérer. Rien ne s'évapore, si ce n'est pas ce qui semble se produire. La souffrance n'est pas une condition.

« Mais qu'est-ce qui provoque alors le changement ? »

Rien ne le produit. C'est simplement ce qui semble se produire. J'entends par là à la fois la naissance apparente du « je suis » et la fin apparente de cette illusion.

« Tu n'as pas souffert ? »

Bien sûr, la recherche a occupé une grande partie de ma vie. Et il y avait aussi de la souffrance et du désespoir. Vous pourriez tirer de ma vie une histoire de libération exemplaire.
Quand on regarde en arrière, cela fonctionne bien mieux que je ne l'ai jamais ressenti. Bien sûr, j'espérais voir une évolution positive. J'avais l'impression de me sentir de mieux en mieux apparemment et les choses se sont beaucoup allégées. Mais la raison pour laquelle « je » lui-même s'est dissout reste sans réponse. Ce à quoi il ressemble aujourd'hui n'était ni prévisible ni logique.

« Qu'est-ce qui a été dissout exactement ? »

C'est ça qui est fou : il n'y avait rien là qui aurait pu être dissout. Rien de réel ne s'est produit. Il n'y a eu aucun pas de l'un à l'autre. Il n'y a pas eu un événement de libération ».

« Même si tu as essayé... »

J'ai fait ce que je pensais devoir faire.
Je ne vois pas ce que j'aurais pu faire de différent, de meilleur ou de plus profond plus que d'autres. Et finalement, je n'ai rien fait. C'était et c'est simplement ce qui s'est apparemment produit.

« Quoiqu'il en soit, cela t'est arrivé ! »

Andreas était et est ce qui semble se produire – y compris en supposant que quelqu'un soit là.

« Je veux aussi être quelqu'un qui ne fait qu'apparaître ! »

Apparemment.

— —

« J'ai souvent très peur. Peu importe les problèmes qui existent dans le monde. Il ne s'agit que de moi, de ma survie. »

Pour la personne, on a vraiment l'impression qu'il y a quelqu'un ici. Quelqu'un qui pourrait mourir de faim, quelqu'un qui est submergé par une émotion. C'est exactement ce «quelqu'un» qui n'a aucune substance. Il n'y a personne du tout.

« Et pourtant, il semble toujours y aller de quelque chose, qu'il y ait un but. Aussi en ce moment ! »

Tout ce que le moi apparent pense devoir faire, il le fait afin de passer le moment et de le survivre. Chaque méthode, chaque positionnement sert son objectif, ne pas être submergé, ne pas sombrer. C'est une position purement factice.
«Je suis» n'est qu'apparence. Cette existence est non-substantielle.

« Mais elle semble si réelle ! »

Oui, du point de vue de la personne, c'est une question de vie ou de mort. Je dois survivre à ce moment. Je pourrai peut-être trouver l'épanouissement dans l'instant suivant. Je ne dois pas couler.
Ne pas laisser la peur me tuer. C'est l'expérience de la personne lorsque les choses deviennent apparemment intenses.

«Te sens parfois accablé ? »

Non. Je suis déjà mort. Mais bien sûr, ce qui se produit peut paraître intense. La faim peut être intense. Les sentiments peuvent être intenses et pourtant personne ne se bat pour la survie de son "moi".

Ce quelqu'un s'est dissout en tant qu'illusion.

Mais pour personne ! Dans la dissolution apparente de cette illusion, l'apparent quelqu'un a fusionné avec l'inconnaissable. En même temps, rien ne s'est réellement passé. C'était une illusion.

« En fait, j'aspire à cette absence - et pourtant je fais le contraire : j'essaie de survivre. »

La personne apparente cherche constamment à être validée – pour survivre en tant que personne. Et c'est en même temps une tentative pour rester séparé en tant que « Je ».

La présence est ce que la personne apparente ressent en se sentant en vie. Elle croit que l'épanouissement doit avoir lieu dans le cadre de cette expérience de vie. C'est pourquoi Il semble impératif de survivre.

« Tu ne veux pas survivre ? »

Non, je ne le veux pas. Le corps le veut probablement, et je suppose qu'il réagit en conséquence lorsqu'il est menacé. Sinon, personne ne veut survivre ou vivre. La présence apparente veut vivre pour s'accomplir. Elle est en recherche et veut survivre jusqu'à ce que la recherche soit menée à bien. Cette illusion s'évapore dans la libération. Vue de cette façon, la « vie » est ce qui semble se produire, mais pour rien, l'existence n'a aucun but.

Il n'y a pas de véritable présence.

« Il n'y a pas de présence ? »

La présence est illusoire. Qu'est-ce qui se vit comme « présent » ?!

C'est « je suis » qui s'éprouve de cette manière. S'il s'évapore, tout ce qui s'éprouve comme «étant là» s'évapore. Il n'y a rien d'autre à la place.

« wow. »

Oui.

— —

« Crois-tu à l'équilibre entre le bien et le mal ? Quelque chose comme le ying et le yang ? »

L'équilibre n'est pas créé par les opposés. Il n'y a pas de véritable polarité et donc pas de véritable équilibre. Le bonheur et la souffrance ne sont pas divisés dans un rapport équilibré, mais ils sont d'une manière simplement eux-mêmes. La douleur en elle-même est un équilibre.

La personne suppose que l'équilibre est quelque chose qui peut et doit être atteint, précisément parce qu'une polarité doit être équilibrée par l'autre côté. Mais l'équilibre est une réalité naturelle.

« Cela signifie que lorsque tu as mal, est-ce juste de la douleur ? »

Il n'y a pas vraiment de connaisseur de la douleur. La douleur n'est pas séparée de la reconnaissance de la douleur, elle n'est pas séparée du corps dans lequel la douleur survient, elle n'est pas séparée des pensées, des sentiments, de la situation environnante. Tout cela est indissociable de ce qui semble se produire. C'est à la fois total et

vide.

Ce qui est, n'est pas ce qui ne connaît pas autre chose. Un n'est pas ce qui ne connaît pas 2. Ce qui est, ne se reconnaît pas comme quelque chose qui existe, mais reste lui-même.

« Cela semble un peu compliqué. »

Ce n'est pas compliqué. Mais il n'y a personne ici qui puisse le comprendre.

Enseignements & Maîtres

La recherche spirituelle se déroule dans le monde expérientiel de la conscience. Ce monde est illusoire. Il n'existe aucun moi qui puisse s'expérimenter, aucune présence qui puisse avoir conscience d'elle-même.

Ce n'est pas l'insatisfaction qui est l'illusion, mais plutôt l'entité qui se sent insatisfaite. La recherche est l'effort visant à trouver une solution réelle à un problème qui n'est pas réel. On ne trouve que de fausses solutions.

Il semble qu'il y ait des expériences de bonheur et de joie, de connaissance et d'épanouissement, qui semblent répondre au désir apparent du chercheur.

Le dilemme est le suivant : ces expériences ne répondent en fait à rien. Elles n'abordent même pas le désir de la dissolution de la personne. Ce sont simplement des expériences, des pseudo-expériences. Des pseudo- expériences, parce qu'expérimenter est en soi une illusion. Malheureusement la tentative de tirer profit de ce qui a été vécu échoue, et la personne reste piégée dans l'hypothèse que les expériences ont de la valeur.

Elles n'existent même pas.

— —

Dans tout enseignement personnel, la personne est considérée comme la solution. Les conditions de la manière dont cela devrait se produire culminent dans l'idée spirituelle selon laquelle la simple présence consciente est la réponse à la recherche.

Chaque fois que vous rencontrez un problème – ou que vous vous sentez insatisfait – vous devez revenir à la présence consciente pour vous libérer du sentiment d'insatisfaction.

Vous devez y rester le plus longtemps possible.

Bien entendu, le problème initial passe au second plan. Vous êtes occupé à faire autre chose : essayer d'être consciemment présent.

L'expérience semble confirmer qu'à ce moment-là le problème diminue.

Mais au lieu de trouver une vraie réponse, vous vous évadez dans un autre état artificiel : l'état de présence consciente.

Comme dans tout enseignement personnel, la chèvre se transforme en jardinier. La «présence consciente » n'est rien d'autre que ce qui semble être une expérience séparée et rien de plus qu'une illusion. Outre le fait qu'une illusion ne peut jamais être la réponse à une illusion, c'est précisément cette expérience de présence qui est la cause apparente de l'insatisfaction.

La personne essaie donc de combattre le problème avec la source du problème : elle-même.

En cas de doute, même avec une présence accrue elle se dira : je suis le problème – la solution est « plus de je suis »

La bonne nouvelle est que cette présence consciente n'est pas réelle du tout. Elle n'a aucune substance et donc toutes les conséquences qui semblent découler de cette expérience n'ont aucune substance.

—----

« Mon enseignant spirituel a toujours souligné que je suis pure conscience. »

Donc, c'était une leçon personnelle.

« Non, de pure conscience ! »

C'est le moi apparent qui s'éprouve lui-même en tant que conscience. Dans l'expérience personnelle, il y a quelque chose que je suis et quelque chose que je ne suis pas.
Qu'il s'agisse de la conscience infinie ou de la conscience qui se reconnaît elle-même, c'est le schéma personnel, apparemment séparé. D'après l'expérience, cela semble réel. Mais ça ne l'est pas.

« L'âme n'est-elle pas quelque chose comme la pure conscience ? »

L'hypothèse derrière cela est qu'il existe un noyau véritable et immuable – quelque chose que nous sommes vraiment. Au plus tard en mourant - et en ce sens la libération n'est rien d'autre que ça - cette présence imaginée s'avère illusoire. Cela n'existe tout simplement pas.
Portant chaque effort, chaque recherche de réalisation de soi n'a lieu que pour cette présence illusoire. Sans jamais rien trouver, « je suis » continue de croire à une libération définitive, personnelle.
Toute spiritualité repose sur cette hypothèse : l'hypothèse d'une présence personnelle.

« Oui, et c'est comme ça que je le vis aussi ! »

Oui, du point de vue du « je suis », cela correspond à l'expérience. C'est comme si quelqu'un était là. Et ceci ne peut être traversé, ni transcendé.
Ce n'est que lorsqu'il semble disparaître qu'il se révèle illusoire ; mais alors pour personne. C'est complètement surprenant.

— —

« Un enseignant a récemment déclaré que la seule chose qu'il peut dire avec certitude, c'est qu'il est « ici ». Et quiconque dit qu'il n'est pas là parle d'un concept. Qu'en penses-tu ? »

La connaissance d'« être ici » n'est pas soutenable. Elle se déroule uniquement dans le cadre personnel. L'expérience « je suis » n'a aucune substance.
La personne apparente ne peut pas imaginer ne pas être présente et doit le rejeter comme conceptuelle. Mais lorsque l'expérience personnelle s'éteint, cette affirmation finale « je suis là »n'existe plus non plus. La fin apparente de cette illusion « je » est surprenante et ne résulte jamais d'un processus personnel. Ce n'est pas la conséquence de la logique ou de la compréhension.
La fin apparente n'est ni conceptuelle, ni ne peut être vécue émotionnellement. Ce n'est ni un nouveau point de vue ni une

nouvelle façon d'être. Ce qui reste, c'est l'Être lui-même, absolument inexpérimenté et pourtant il est tout.

— —

« Tu appartiens aux représentants de la non-dualité. Dans les cercles Advaita, on souligne que le terme « pas deux » est plus proche de la vérité que de dire « tout est Un ». Peux-tu expliquer cela ? »

Je n'utilise pas le mot « non-dualité ». C'est trop limité. Et je ne me considère comme le représentant d'aucune voie. Je n'ai pas de message. Je n'ai rien à raconter.

« Mais que fais-tu alors ? »

C'est une description. Il s'agit d'une description apparente sur ce qui semble se passer ici. Cette description n'est pas personnelle.
Elle ne répond ni à un besoin ni à un objectif. Cela n'est pas le fait d'un « je » et je ne peux pas non plus l'empêcher. C'est ce qui semble se produire.

« Et quand moi je témoigne que je suis ici ? »

C'est pareil. C'est également ce qui semble se produire. Ce n'est fait par personne. Dire « Il n'y a personne ici » est le même rapport impersonnel que dire que « j'ai faim ».

De même si tu dis : « Mais il y a un moi ici », c'est un rapport impersonnel de ce qui semble se produire. Mais en même temps, tu as l'impression que tu existes vraiment et que tu rapportes une vérité : "Je suis vraiment quelqu'un, et Andreas n'est vraiment personne."

« Oui, je le pense en fait. Et que « pas deux » exprime mieux la chose que « un »... »

Ce « non-deux » est aussi une histoire. C'est une limitation inutile.
Ce qui est, n'est ni plusieurs, ni trois, ni deux, ni un.
C'en est aucun, ce n'est pas quelque chose. Le postulat selon lequel il n'y a en réalité qu'un, vient d'une expérience personnelle. C'est l'expérience de la conscience.
Cela peut donner lieu à l'idée selon laquelle il n'existe que « un » : on s'expérimente comme une réalité absolue.

« Quelques enseignants de non-dualité... »

Oh mon Dieu, quel mot.

« ..ou les professeurs de conscience disent aussi qu'il s'agit de "non-deux".

L'expérience est que je – la conscience, est la réalité absolue et unique, tandis que dans ma conscience quelque chose apparaît. On dit alors que la conscience et l'apparence sont connectées, "pas deux". Elles semblent alors non séparées, c'est-à-dire Une.

C'est l'introduction d'un concept non-duel basé sur l'expérience personnelle. L'expérience d'être une pure conscience et l'émergence d'un événement dans cette conscience décrivent l'expérience personnelle : j'expérimente quelque chose.

« Alors où est le problème ? »

Cela ne pose aucun problème. C'est une description apparente de la réalité personnelle.

« Et à quoi ça sert ? »

À rien. Dans l'expérience personnelle, il reste toujours une expérience d'insatisfaction. C'est pourquoi il ne s'agit jamais simplement d'une description. Il y a encore un conseil en plus : « si vous voulez être libre, connaissez-vous en tant que conscience, ou : « Lorsque vous vous perdez dans l'apparence, continuez à ramener votre attention sur la «pure conscience», et ainsi de suite.

« Et contre ça tu dis... »

... que tout cela est une histoire. La libération se produit lorsque l'expérience de conscience et ce qui apparaît dans la conscience s'effondrent dans l'inconnu.
Dans cette apparente coïncidence, le sujet et l'objet s'éteignent, tout comme le mâle et la femelle, le feu et l'eau s'éteignent.
Ce qui reste n'est pas « un » mais... « rien ». Aucune expérience d'une quelconque réalité.

En même temps, ce qui semble se produire reste exactement ce qui semble se produire. La banalité apparente est l'inconnu et l'inexpérimenté. C'est aussi simple que cela.

Il n'y a rien à savoir, rien à abandonner, rien à faire. Toutes ces choses compliquées ne valent rien.

« Et ton message ? »

C'est tout aussi inutile. Personne n'en profite.

— —

« De quoi vous parlez en fait ? »

Je parle de surprise absolue. Et la surprise, c'est qu'il n'y a rien. La surprise est que même la dernière et la plus belle expérience de soi s'avère illusoire. Même la dernière, la plus subtile expérience de conscience ou de présence disparaît. Ce n'est pas comme si c'était quelque chose d'énorme. C'est juste complètement inattendu.

« Et comment puis-je savoir que tu as raison ? »

Tu ne peux pas le savoir. C'est impossible pour la personne. Elle ne sert qu'à s'éprouver dans la conscience. Toute recherche commence et aboutit à son point de vue séparé. Chaque enquête sur la réalité, quand « je suis » veut savoir ce

qu'est vraiment la réalité, se termine par « je suis ». Se reconnaître comme absent est naturellement exclu.
« Je suis » ne reconnaît que lui-même.

« L'absence de la personne, oui, parfois je ressens quelque chose comme ça. »

Oui, du point de vue de la personne, l'absence d'une personne semble être une circonstance nouvelle. Mais cette circonstance en tant que telle n'existe pas vraiment. La circonstance de la personne n'existe tout simplement pas. Il ne peut donc y avoir de véritable « absence de la personne ». C'est tout.
Et il est impossible de savoir pourquoi cette apparente disparition de soi-même se produit. Personne ne peut le faire – et en fin de compte, cela n'arrive pas vraiment. Ce qui s'éprouve comme présent cesse simplement de s'éprouver comme présent.

« Oui, alors il ne reste plus rien. Cela peut être le cas lors d'une méditation très profonde. Le monde n'est plus là. »

Le sentiment de « se libérer du monde » est toujours le rêve.
C'est toujours la personne qui pense arriver à quelque chose.
C'est toujours encore la personne qui veut trouver.
La libération est la fin complète de cette expérience.
Dans la libération l'attention est soudainement fixée nulle part.. il ne reste plus rien là, qui pourrait vivre dans l'attention ou la confusion. C'est la fin de la réalité sujet-objet. Rien n'y a plus de valeur qu'autre chose.
Tout est équivalent à lui-même, sans aucune idée de valeur.

Je suis à la fois la conscience et mes histoires. Je suis à la fois conscient et conscient de ce qui semble se passer. Je suis à la fois l'observateur et l'observé. Je suis à la fois conscience éveillée et sommeil profond - cependant j'ajoute - il n'y a aucune expérience de pouvoir être tout cela ! Dans tout cela, il n'y a rien ici d'éveillé qui s'éprouverait comme une partie ou comme tout cela.

Rien n'y dit « je suis » par rapport à autre chose.

Nulle part il y a un point à partir duquel en faire l'expérience, et il n'y a rien qui soit expérimenté. C'est la réalité naturelle - pour personne.

« J'ai du mal à imaginer. »

D'après l'expérience, il est inconcevable que sa propre présence disparaisse. La personne ne sait tout que par l'illusion de l'expérience : elle ne pense jamais vraiment, elle fait seulement l'expérience de la pensée. La personne ne ressent jamais vraiment, elle fait l'expérience simplement des sentiments.

La personne ne voit jamais d'arbre – elle fait seulement l'expérience de voir un arbre. Du point de vue de la séparation, elle a une expérience. Donc elle semble connaître l'expérience, mais cela reste quelque chose qui est séparé.

« Est-ce faux ? »

Non, c'est l'illusion : que quelque chose soit là et que quelque chose expérimente.

— —

« Dans les traditions spirituelles, il est souvent question : y a-t-il un soi ou pas. Si je te comprends bien, tu dis : il n'y a rien.
Correct ? »

Non. La tournure de la question renvoie à une réalité qui n'existe pas. C'est un débat théorique. Elle ne trouve pas de réponse. C'est une question de foi dans une configuration personnelle. « Je suis » disparaissant, la question ne se pose plus.

« Alors on est satisfait sans plus se poser de questions ? »

Il n'y a personne. Personne qui résiderait dans cette réalité, dans laquelle il pourrait y avoir un « rien » ou un « soi ». Il n'y a rien englobe "rien" et "soi". Les deux ne sont pour personne - et en même temps rien n'est pour personne non plus.

« J'ai la tête qui tourne. »

Parce que ce n'est pas connaissable. Ce qui se passe en ce moment, notre conversation, est le réel-irréel non expérimenté. Ce qui se passe est exactement ce qui se passe, mais pour personne.

« Mais qui sait ça ? »

Personne. Ce n'est pas logique et c'est incompréhensible.

Il n'y a pas de « ça ». C'est ce que l'on entend par « il n'y a pas quelque chose ». Cela ne fait pas référence à une réalité mystique au-delà de ce qui semble se produire. «C'est» exactement ceci ici.

« *D'accord, je peux admettre ça* ».

Exactement ceci ici, mais pour personne.

« *Oh la la !* »

Personne ne se sépare de la conversation et n'identifie « ceci ici » comme étant « ceci ici».

« *J'abandonne.* »

— —

« *La Bible dit que quiconque se retourne contre Dieu souffrira. C'est ce qui m'est arrivé. Je voulais prendre la vie en main. Cela a mal tourné et maintenant je me sens mal. En fin de compte, faut-il simplement se soumettre à Dieu ?* »

En fin de compte, tu ne peux même pas faire cela. Qui devrait être celui qui pense qu'il est si puissant qu'il pourrait se soumettre ? Même cette soumission est une histoire de la personne.

"Je-suis" est si petit que ça n'existe même pas. Et dans son infinie générosité, elle voudrait se soumettre à Dieu ? Quelle blague.

« N'y a-t-il absolument rien à faire ? »

Apparemment, tu peux tout faire, mais en fin de compte, c'est une illusion, qu'il y ait quelqu'un qui fait quelque chose ou qui ne le fait pas. La vie est ce qui semble arriver. C'est une chute ininterrompue, incontrôlée et sans direction.

« N'y a-t-il pas de percevant? »

La perception est ce qui semble se produire. Ce n'est pas qui ou ce que vous êtes et cela n'a pas d'importance. Cela se produit aveuglément. Elle est elle-même et personne ne peut l'expérimenter.

— —

« Je serais heureux si j'étais simplement plus présent. »

Être présent semble tentant et facile. C'est un combat.

Le soldat spirituel prend position : « Présence ! »

Dans la lutte contre les choses mauvaises et indésirables, la présence est censée aider. C'est à la fois l'espoir et un rêve.

Parce que cette présence n'a aucune substance. Personne n'est présent dans la présence.

Qui devrait venir en présence ? Et qu'est-ce que cette présence est censée neutraliser ? Vos propres sentiments ? Le comportement des autres ? L'expérience souhaitée d'être présent n'est qu'une autre expérience. La personne apparente répond au problème de la séparation en maintenant la séparation.

Elle identifie le problème et sa réponse est : « Je suis présent».

Cela signifie : Je suis complètement ici et pas là-bas, je suis complètement avec moi-même et pas dehors. « Je suis présent » signifie en fait « je suis séparé ».

— —

« Mes amis spirituels veulent avant tout être « éveillés ». Ils regardent avec pitié les gens qui ne sont pas encore aussi éveillés et conscients. "Ils dorment encore", disent-ils. Et j'ai peur de ne pas être assez éveillé non plus. »

Oh oui, le chercheur apparent adore ce jeu. Et quand il s'agit d'être éveillé, cela va à la racine. La racine de l'expérience de l'apparent "je" est d'être éveillé. Mais l'expérience d'être éveillé ou conscient est illusoire. Personne n'est éveillé. Personne ne peut être plus conscient, plus éveillé ou même tout simplement éveillé. Être éveillé est le rêve.

« Mais tout le monde croit connaître la vérité. »

Oui, dans la réalité personnelle, il est important que votre propre chemin soit le bon. Être sur le bon chemin est la chose la plus importante pour une personne. Les spirituels se moquent de ceux qui veulent gagner beaucoup d'argent. Ceux qui veulent gagner beaucoup d'argent se moquent des spirituels. Les médecins se moquent des homéopathes, les homéopathes des médecins. Les libres penseurs se moquent des moutons endormis, les moutons endormis des libres penseurs.

L'essentiel est que le chemin personnel soit le meilleur. Des guerres entières y sont menées. Des croisades.

« C'est presque médiéval. »

Au Moyen Âge, les gens pensaient qu'ils étaient quelqu'un, et c'est encore le cas aujourd'hui. Même si l'expérience personnelle semble aujourd'hui se fissurer.

« Oui, les grandes religions perdent des adeptes. »

En revanche, les offres spirituelles se multiplient et l'on retrouve les mêmes concepts qu'à l'église. En spiritualité, vous devez faire tout aussi attention à ce que vous pensez, à ce que vous ressentez, à ce que vous faites.

Seulement, au lieu d'aller en enfer, si vous ne vivez pas une vraie vie, vous gâchez votre illumination et gâchez votre vie. C'est aussi une sorte d'enfer. Vous n'êtes pas immédiatement lapidé, crucifié ou brûlé, mais la dynamique est la même.

Si vous regardez trop la télévision ou suivez de mauvaises pensées, si vous faites preuve de trop peu d'humilité devant le Maître, l'amour et l'épanouissement sont terminés. C'est comme autrefois : tu devrais, tu dois - et si tu ne vis pas en conséquence, cela s'assombrit pour toi.

Oui, les gens fuient les églises. Mais beaucoup se tournent immédiatement vers la spiritualité.

« Est-ce inévitablement le cas ? »

Cela correspond à une expérience personnelle. Chaque enseignement personnel reflète toutes les caractéristiques de la réalité personnelle : il y a le bien et le mal, l'état actuel est imparfait, donc la perfection doit être atteinte ou créée. La personne apparente ne peut échapper à cette contrainte.

« Alors que proposes-tu ? »

Rien du tout. Il n'y a pas d'échappatoire ! C'est ça la plaisanterie : il n'y a personne qui puisse s'échapper ou le faire différemment. Et personne qui pourrait avoir une suggestion.

« Ne pourrait-on pas clarifier ? »

Et pourquoi donc ? Tant qu'il y aura quelqu'un, ces jeux continueront. Petits jeux personnels. Il n'y a rien à faire.

— —

« Dans les cercles spirituels, il s'agit souvent d'énergie. Dans les anciens écrits indiens il est beaucoup question de phénomènes énergétiques. J'en entends très peu parler dans vos discussions. Peux-tu dire quelque chose à ce sujet ? »

Ce que je souligne dans ce message, c'est que ce centre spirituel en nous n'existe pas. Vue sous cet angle, la libération est la fin de tous ces jeux énergétiques.

Le ou les corps énergétiques s'éteignent avec l'illusion qu'il existe ici un centre spirituel. La libération est donc aussi la fin de la spiritualité elle-même.

« Est-il alors totalement inutile de travailler avec son attention ? »

Oui c'est ça. C'est le Je apparent qui vit dans l'expérience de l'attention. L'attention n'est qu'un autre mot pour « expérimenté ». En principe, toute la recherche est une collection de jeux d'attention. La question est soit de savoir où je dois concentrer mon attention, soit comment je dois la diriger. La question est alors dois-je diriger mon attention sur les pensées ou les sentiments pour les étudier, ou bien dois-je concentrer mon attention d'une manière très aiguë ou très élargie.

Tout cela fait partie de l'expérience au sein de l'illusion de l'ego. C'est le moi qui construit un espace de conscience. C'est une expérience de la personne.

« Et qu'en est-il des différents corps énergétiques, par exemple les chakras ? »

Tout cela s'évapore. Tout cela fait partie de l'illusion d'être quelqu'un. La réalité naturelle est une réalité très simple. Puisque le centre spirituel s'avère illusoire, il retombe simplement dans l'inconnu.

Cela retombe dans ce qui semble se produire.

C'est la triade de l'expérience, de l'expérimenté et de l'expérimentateur qui s'effondre dans le néant. Ces trois ne font pas Un, ils ne deviennent rien. C'est l'effacement de toute illusion.

« Cette illusion existe-t-elle vraiment ? »

Non, bien sûr que non. Ce cœur spirituel n'a jamais vraiment existé. C'est pourquoi on appelle cela une illusion.

— —

Dans la libération ?

« Andreas, as-tu encore de la compassion ? »

Oui, il y a de la compassion, mais fonctionnelle.

« Que veux-tu dire? Le message me semble parfois un peu cruel : rien n'aurait d'importance ou que les choses horribles sont simplement ce qui semble se produire. »

Oui, je comprends ce que tu veux dire. La compassion est une capacité apparente du corps. Apparemment, je comprends ce que tu ressens. Apparemment, je peux le ressentir aussi. Et cette empathie est ce qui semble se produire.

Cela devient plus difficile, pour ainsi dire, lorsqu'il s'agit de compassion pour l'histoire personnelle, ou de compassion pour le drame personnel.

Si tu souffres de ne pas être éveillé, je peux sympathiser avec la douleur, mais il n'y a pas de véritable compassion pour toi en tant que personne qui n'est pas encore éveillée. Cela peut sembler sans cœur pour la personne apparente, car elle veut être vue et reconnue en détresse dans sa vie personnelle ou dans son bonheur personnel.

La personne apparente pourrait supposer qu'il s'agit de compassion lorsqu'elle est vue par d'autres comme un moi souffrant ou heureux.

Il n'y a pas de véritable compassion pour des histoires comme : « Je suis une personne vraiment pauvre », parce qu'il n'y a tout simplement personne.

« Mais c'est en quelque sorte inhumain, n'est-ce pas ? »

Eh bien, ça dépend. D'un point de vue personnel, cela peut sembler inhumain, car l'illusion moi considère sa propre présence et sa propre histoire de vie comme humaine. Si l'on considère « je suis » comme étant humain, ce message est bien sûr inhumain.

N'oublies pas que je ne considère pas « je » ou l'illusion apparente « je » comme fausse. Il n'y a ni illusion « je » ni « je ». À cet égard, ce message n'est pas inhumain.

« Hum. »

Le fait que des atrocités se produisent apparemment peut sembler sans cœur – oui.

Du point de vue d'un « je » humain, c'est complètement sans cœur qu'il y ait la guerre, que l'environnement soit détruit ou que la personne qui en aime une autre ne veut rien savoir d'elle. Mais c'est précisément ce «cœur» qui n'a aucune réalité.

« Alors non seulement tu n'as aucune compassion, mais tu n'as pas non plus de cœur ?! »

(rires)..oui, c'est ça. Douleurs de cœur, rêves brisés, etc.... c'est ce cœur qui est illusoire. Ce « je », ce centre incroyablement existentiel avec son profond désir de paix et d'unité, n'est pas réel.

« J'ai entendu dire qu'un cœur brisé peut rendre malade. »

Oui, mais ce cœur brisé là n'est pas encore complètement brisé.

Quand le cœur se brise – quand la personne rêvée se brise – c'est fini.

Il ne reste que la douleur apparente, mais personne là, qui a peur d'être brisé à cause d'elle.

Du point de vue de la personne, il y a cette peur de ne pas pouvoir le supporter si les choses tournent mal.

Et oui, il semble que ce soit insupportable, d'où la tentative constante d'échapper à sa propre fragilité. Se convaincre que le monde est beau, supposer qu'il a un cœur et l'espoir de pouvoir trouver un bonheur profond. Ce sont toutes des rêveries d'une entité rêvée essayant d'échapper à sa douleur apparente.

« *wow..* »

Oui, wow. La bonne nouvelle, c'est que rien de tout cela n'est nécessaire. Ni l'espoir d'un épanouissement futur ni la douleur de la séparation ne sont réels. Il n'y a pas une personne qui rit, ni un cœur qui se brise. Personne n'a à le supporter, c'est juste ce qui semble se passer.

« *Quelle liberté !!* »

Absolument. Cette liberté est absolue et sans condition, pour personne.

— —

« Bonjour Andreas, j'ai une question concernant les relations. Qu'en est-il pour toi des soi-disantes relations ? »

En principe c'est assez simple : il n'y a pas de relations.

Mais je ne parle pas de cela comme d'un concept, mais plutôt comme d'une réalité énergétique. Le fait qu'il existe « quelqu'un » qui soit réellement en relation avec un autre « moi » est une illusion. Il n'y a personne ici « avec moi » ni là-bas « avec toi ».

Dans l'illusion il semble y avoir cette reconnaissance mutuelle : « Je te vois, ou plutôt je te reconnais comme un autre moi ». Cela, en gros, c'est la relation. Cette configuration fait référence à tout type de relation amoureuse, d'amitié et d'inimitié.

En fin de compte, la personne vit toujours en relation avec son travail, la situation et la vie en général. La relation en elle-même est une séparation ; une séparation, bien sûr, qui n'existe pas.

La spiritualité pourrait donc être décrite comme un travail relationnel. "Quelle est ta relation avec la vie ?", "Tu devrais être plus reconnaissant", et tout ça.

« Mais qu'en est-il des gens ? »

Eh bien, exactement pareil. L'espoir est qu'il y ait une vraie contrepartie qui puisse me donner quelque chose : de l'amour, de l'attention, de la stabilité, de la vérité, de la sagesse, du plaisir.

Et l'espoir que cela me comblera.

« Et qu'en est-il de toute la psychologie qui tourne autour de ce soi ?
Il y a tellement de coachs relationnels, de conseils et de guides ? »

Ils font tous partie de l'illusion. Tout comme il existe de nombreux professeurs spirituels, il existe également des professeurs et coachs relationnels, des conseillers sexuels, des thérapeutes, etc. Ils supposent tous que quelqu'un est là. Ce n'est pas faux, mais tout cela fait partie de cette illusion. Quant à ta relation, je ne peux pas t'aider. je ne suis pas coach. Vue sous cet angle, la fin de l'illusion que quelqu'un existe est aussi la fin de l'illusion de la psychologie.

« Mais as-tu aussi des besoins ? Ou peut-être pas ? »

Oui et non. Le besoin d'être vu et reconnu comme « je » s'est effondré avec la personne. L'illusion qu'il existe un moi malheureux qui a besoin de choses pour devenir un moi heureux s'est effondrée, y compris de nombreuses compulsions et luttes internes.
En ce sens, je n'ai effectivement aucun besoin. En même temps, il y a un corps qui semble fonctionner et qui est assez normal.
Ce dont on parle n'est pas mystique.
Le dilemme de la personne est qu'elle ne peut pas distinguer quels besoins sont fonctionnels et lesquels font partie de l'illusion. Parce que la personne associe les besoins fonctionnels à la recherche personnelle.
Le corps, par exemple, est conditionné pour survivre. Il semble faire tout ce qu'il peut pour survivre. Il mange, respire et fuit lorsque le danger menace. D'un point de vue personnel, cette survie sert aussi une quête personnelle. Le corps lui-même ne

se soucie pas de savoir s'il vit ou pas. Il est programmé pour courir lorsque le tigre est derrière lui. Alors soit il est assez rapide, soit il ne l'est pas.

Cependant, le sentiment du besoin de rester en vie fait partie de la personne. La personne veut rester en vie parce que sa mission - trouver l'épanouissement - n'a pas encore été réalisée. Elle veut survivre parce que ce n'est pas tout et parce qu'il y a encore quelque chose à trouver.

« Tu as dit que la personne apparente ne peut pas dire s'il s'agit d'un besoin fonctionnel ou d'un besoin illusoire.
Peux tu en faire la distinction ? »

Pas vraiment bien sûr. Il n'y a personne pour réellement séparer les deux. C'est plutôt comme si l'illusion de ces besoins se dissipait progressivement. Non pas parce que quiconque a appris à faire la différence entre besoin fonctionnel et besoin illusoire, mais parce que c'est ce qui semble se produire lorsque cette illusion de l'ego s'évapore.

« Revenons à la question des relations. Ce que tu dis semble très triste : à savoir qu'il n'y a pas de relation. »

Oui, d'un point de vue personnel, cela semble triste, car la personne ne connaît que la relation et l'espoir de s'épanouir dans cette relation – avec les gens, avec la vie. Du point de vue de la personne, "Il n'y a pas de relation" signifie éternelle solitude et perte éternelle. C'est grave bien sûr. Ce qui est dit ici, c'est qu'il n'y a pas de personne distincte. Ce type de relation conditionnelle n'est en fait pas du tout nécessaire. Être un être humain est ce qui semble arriver et est naturellement parfait.

C'est la joie !

—--

« *Tu es un représentant de cette non-dualité radicale.* »

Oui, ok. Et?

« *N'y a-t-il pas un compromis possible dans ce que tu dis ? Tu dis que rien n'existe du tout, qu'il n'y a aucune voie et que rien n'apporte quelque chose. Je pense que c'est radical.* »

Je peux comprendre que cela semble radical, mais en réalité ce n'est pas le cas.

Ce qui semble se produire est total et complet. Cette apparente rencontre, notre conversation, nos pensées et nos sentiments, etc., c'est tout ce qu'il y a. Ce n'est pas radical du tout.

Mais oui, dire que c'est parfait a un effet radical sur la personne.

Je pense qu'il est beaucoup plus radical de dire que ceci ici n'est pas parfait et qu'il faut faire quelque chose de toute urgence. Je trouve le rejet apparent de ce qui semble se produire beaucoup plus radical.

« Mais tu dois reconnaître que le refus de la personne est assez extrême. »

Cela semble être le cas du point de vue de la personne. Mais rappelez-vous qu'il ne s'agit pas d'une régurgitation d'un concept mort. Qui cela intéresserait-il qu'il y ait une méthode pour cela ou non ?!

À mon avis, c'est une question complètement théorique. Cette question suppose beaucoup de choses que l'on doit d'abord admettre.

En premier lieu, tu admets que tu es.

Ensuite tu admets qu'il existe un monde réel. Puis tu acceptes que tu es imparfait et tu doit devenir Un. Tu acceptes que tu existes et que tu dois faire quelque chose. Je trouve ça radical.

Ce qui se passe, c'est le gonflement apparent de l'illusion en tant qu'illusion.

Ce message dont je parle n'est pas radical. Il n'y a aucune véritable déclaration, mais n'y a pas de compromis possible. Il n'y a rien dans lequel la personne pourrait s'immiscer. Si l'illusion d'être une entité distincte s'évapore, tout l'ensemble apparent s'évapore. Comme je l'ai dit, je ne fais pas référence à un concept, mais plutôt à une réalité énergétique.

« Que veux-tu dire lorsque tu parles de réalité énergétique ? Je pense toujours qu'il faut le trouver ou le comprendre d'une manière ou d'une autre. Et j'ai l'impression d'être sur un chemin. »

La réalité énergétique est bien entendu quelque chose d'extrêmement vague. C'est une manière de dire que nous n'avons pas ici de discussions théoriques ou philosophiques.

Du point de vue de la première personne, tu es toi-même une réalité vécue. Le vécu de soi semble être plus profond que les pensées et les sentiments. J'appelle cela énergétique.

« Mais c'est une histoire, n'est-ce pas ? »

Bien sûr, c'est une histoire.

--- ---

« Est-ce pour cela que tu dis que la fin de « Je suis » est quelque chose d'énergétique ? »

Oui, exactement. La fin du « Je suis » n'est pas une intuition intellectuelle ou la conclusion d'un processus de pensée. Mais elle n'est pas non plus émotionnelle. Toute cette expérience de « Je » – cette réalité énergétique – s'avère en fait inexistante.
Mais je ne peux pas vous dire exactement comment c'est, car ce mot "énergétique" n'est aussi qu'un mot de plus. Il ne reste ici en fait plus rien qui puisse se vivre d'une manière particulière. La naissance et la mort sont le début et la fin du vécu de cette présence. Après, il ne reste plus d'énergie en particulier. Dans l'histoire, on peut dire qu'après cela, il n'y a plus personne.
Mais il ne reste rien non plus, qui sait si quelqu'un était là auparavant.

« C'est vraiment incompréhensible. »

Cela défie toute forme de compréhension. Cela échappe à toute sorte d'expérience. On ne peut pas vivre la fin de la personne, car la personne est l'expérience de vivre, de vivre quelque chose.

« Mais qu'apporte cette fin de la personne ? »

Rien vraiment. La surprise est que rien ne finit du tout. Il n'y a rien du tout.

— —

« Andreas, le rêve continue-t-il après la mort de la personne, mais pour personne ? »

L'expérience d'« être quelqu'un » ne continue pas. Dans la libération, cette illusion s'évapore complètement.

« Mais il continue de se passer quelque chose, n'est-ce pas ? »

Apparemment, c'est le cas, mais pour personne.

— ---

«Mais ne te lèves-tu pas le matin et ne fais-tu pas ce que tu as à faire? »

Oui, cela semble se produire – et oui, d'une certaine manière, la vie continue. Cependant, il n'y a aucune expérience de quoi que ce soit qui continue. À cet égard, rien ne continue.

« Hum. »

Le rêve est qu'il y ait un événement réel qui se produit maintenant et qui va de l'avant. L'expérience que quelque chose se passe fait partie de l'illusion personnelle.
Dans l'expérience apparente de « je », on a en effet l'impression qu'il y a « quelque chose » là. Ce rêve ne se poursuit pas dans la libération.

— —

« Andreas, ces dernières années, le thème du traumatisme et de la guérison est devenu de plus en plus important sur la scène spirituelle et psychologique. As-tu à faire avec ça ? »

Bien sûr, dans l'histoire j'ai quelque chose à voir avec cela, déjà parce que tout simplement apparemment j'ai à faire à des gens.
Cependant, résoudre ses problèmes n'a rien à voir avec la libération.

Du point de vue de la personne, cette approche psychologique et spirituelle ouvre un champ d'activité supplémentaire avec des choses que la personne peut réaliser et avec lesquelles elle espère pouvoir aboutir.

« La guérison semble donc possible, mais il n'y a pas d'aboutissement avec elle ? »

Absolument. Les traumatismes sont guéris ou du moins désamorcés, mais la recherche n'est pas terminée.
Ce qui semble se produire, ce sont des corps plus ou moins traumatisés, on pourrait dire aussi blessés, qui font ce qu'ils font, fonctionnant comme ils fonctionnent.

--- ---

« Selon les connaissances les plus récentes, les traumatismes ne sont ni
spirituels ni psychologiques. Ils semblent être plutôt physiques. Les animaux, dont on ne dit pas qu'ils ont une psychologie forte, semblent être capables, grâce à cela, de faire face à des événements très traumatisants. »

Ce mécanisme peut également se gripper chez les animaux. Il y a certainement des animaux traumatisés. Mais oui, la spiritualité est un monde rêvé, tout comme la psychologie est un monde rêvé.

Les deux tournent en grande partie autour de l'illusion qu'il existe une personne réelle. On croit être arrivé au niveau énergétique-physique.

Le traumatisme apparaît comme une peur, une tension et une nervosité dans les systèmes nerveux et musculaire. Mais cela aussi s'avérera être un autre monde rêvé, dans lequel il n'y a rien à gagner.

En fin de compte c'est normal, car c'est déjà parfait !

« Hmm, alors où est le lien avec toi ? »

Il n'y a pas de véritable lien avec ce message, car tout ceci est ce qui semble se produire.

C'est simplement l'indication qu'ici il n'y a personne et que la vie en tant que telle n'est ni réelle ni imparfaite. Cela ne constitue pas une issue, mais de nombreux problèmes semblent découler de l'expérience d'être une personne et, en fin de compte, inclurait également l'expérience du traumatisme.

« Que veux-tu dire? Es-tu traumatisé toi aussi ? »

Des traumatismes ou des événements impressionnants et douloureux - non seulement douloureux au sens « conceptuel », mais aussi « ressentis » - sont ce qui se produit apparemment. De plus, la personne apparente est assise au milieu et entretient les traumatismes autour d'elle - apparemment.

Les stratégies de survie sont alors non seulement fonctionnelles, mais prennent encore plus de sens pour la survie de l'instance apparente « moi ». Cette instance disparue, le ressenti d'inconfort peut lentement refluer du sens égotiste à une pure fonctionnalité, et guérir avec le temps.

Cependant, il n'existe aucune règle à ce sujet. En fin de compte, c'est simplement ce qui semble se produire – ou justement non.

--- ---

« Et comment ça se passe pour toi ? »

Ce corps, « mon corps » - est aussi plus ou moins traumatisé. Cependant, tout le système d'Andreas semble se détendre au fil des années. Cette détente n'arrive à personne, mais c'est ce qui semble se produire, lorsque le corps continue à vivre sans l'illusion "je".

« Quelle est ton impression à propos d'être « quelqu'un » et de n'être « personne » ? »

J'ai longtemps été intéressé par la guérison, mais la véritable guérison a commencé lorsque l'illusion « être quelqu'un » s'est évaporée.

Tout semble retourner à sa place, ou plutôt l'illusion que tout n'est pas à sa place s'évapore.

La libération n'est pas la bonne façon de gérer la vie dans son ensemble et le traumatisme en particulier. C'est l'effondrement apparent de l'illusion qu'il y a là quelqu'un qui est traumatisé.

Cela peut sonner comme un concept, mais ce n'est pas dit dans ce sens.

Il n'y a pas de je et toutes les idées et hypothèses qui tournent autour de la présence d'un je ne sont rien de plus que des châteaux en l'air.

Si l'hypothèse de ce centre s'évapore, le corps a la possibilité apparente de s'organiser naturellement, loin du travail et de la manipulation constante selon les idées de la personne apparente.

Tony Parsons pourrait dire que lors de la libération, les traumatismes et les névroses tombent naturellement.

Cet abandon reste normalement humain et étonnamment calme et harmonieux.

« Décrirais-tu le fait d'être plus détendu comme un symptôme de libération ? »

La libération ne présente aucun symptôme en tant que tel.

La séparation apparente semble avoir des symptômes, comme par exemple la recherche de l'épanouissement personnel.

Dans la libération les symptômes disparaissent, car la cause s'avère inexistante. Mais ce n'est pas vraiment un symptôme de libération.

A moins de l'inverser complètement et que la fin des symptômes soit un nouveau symptôme.

« Merci pour la conversation. »

Je te remercie aussi.

— —

Andreas, la fin de l'illusion de l'égo est-elle un processus ?

Eh bien, pas vraiment. C'est la fin de l'illusion selon laquelle il existerait un processus. L'expérience d'être « quelqu'un » est l'expérience d'être dans un processus. Au sein du vécu personnel on peut penser être sur un chemin. C'est le processus vécu. Si cette expérience disparaît, ce n'est pas vraiment un nouveau processus qui commence.
C'est la fin du processus.

« Je ne suis même pas dans une démarche ? »

Non, tu ne l'es pas. Il n'y a personne ici.

— —

« L'illusion d'être « quelqu'un » peut-elle revenir ? »

Eh bien, pas vraiment.

« Mais si l'illusion peut disparaître, elle peut très bien revenir, non ? »

Le dilemme est qu'il n'existe même pas d'illusion « je ».

L'idée selon laquelle il existe une illusion « je » qui peut disparaître est très superficielle. La disparition de cette illusion s'accompagne de la surprise qu'il n'y avait pas de « je » du tout et qu'il n'y a donc rien qui puisse disparaître et revenir.

« Mais ne dis-tu pas parfois que c'est un vécu ? Cela sonne très réel. »

Oui, oui. Mais c'est précisément cette expérience qui n'existe pas.
Du point de vue de l'illusion, « je suis » apparaît être une réalité vécue, mais en apparence seulement. Justement, cette expérience de soi n'a pas lieu. Il est impossible d'expliquer cela, car il faudrait pour cela, qu'il s'agisse d'un fait réel et connaissable.

« L'illusion « je », c'est à dire l'expérience « moi » peut elle revenir ? »

Non, ce n'est pas possible ! En réalité, cela n'existe pas en tant que tel ; il n'y a ni aller ni venue.

« Hum. »

Comme je l'ai dit, l'idée qu'il existe un « je » qui puisse être éliminé est très superficielle.
Dans la libération, l'existence d'un « je » séparé s'avère être une illusion. Il n'y a rien ici - déjà maintenant.

« Mais comment puis-je voir ça ? »

Tu ne le peux pas. C'est exactement ce qu'est la liberté.

« Mais qu'en est-il lorsque certains professeurs parlent de retour de l'ego ? »

Cela ne peut avoir lieu que dans l'illusion qu'il y a eu un ego au départ et qu'il peut revenir.

D'ailleurs pour être honnête, je dois dire que jusqu'à présent, je n'ai entendu cette histoire que de la part d'enseignants spirituels.

Comment un enseignant qui prétend avoir perdu son ego, mais qui s'adresse constamment à « une personne » dans son enseignement, peut-il jamais savoir quoi que ce soit sur l'absence d'ego ? À un moment donné, la personne a dû avoir un aperçu et une leçon en a découlé.

Au début, c'était peut-être bien intentionné, jusqu'à ce que cela devienne une question d'argent, de pouvoir ou de sexe. Alors peut-être qu'au début, cela semblait sans ego et que tout à coup, c'était plein d'ego. Je pense que c'était une affaire personnelle au départ. D'une manière ou d'une autre, c'était prévu dès le départ, il y avait une intention et une direction.

Donc rien n'est revenu, c'était dès le départ dans un « setup » personnel.

— —

« Tu dis parfois qu'il n'y a aucune culpabilité. Le christianisme a le concept de péché originel, qui suppose que les gens sont pécheurs dès la naissance. »

C'est bien sûr absurde, mais cela correspond à une expérience personnelle. « Pécheur » signifie - dans ce cas « auteur »- et en fait, avec l'illusion de la conscience de soi, surgit l'illusion d'une activité personnelle. Donc quand tu nais, tu deviens auteur.

Dès que l'expérience du vécu d'être né a lieu, apparaît aussi l'illusion que vous pouvez faire quelque chose.

À cet égard, l'Église ne s'appuie que sur l'expérience personnelle.

La réponse de la théologie chrétienne à l'expérience d'être un auteur est la confession et le pardon. D'après l'expérience personnelle, c'est une méthode qui semble fonctionner.

Si on se pardonne à soi et aux autres, le sentiment de culpabilité disparaît et tout semble à nouveau bien. Cependant, la cause – l'expérience de « je » elle-même – ne disparaît pas. C'est pourquoi il faut se confesser encore et encore.

Mais la théologie chrétienne propose une autre idée passionnante : grâce à la mort de Jésus sur la croix, les péchés de tous sont automatiquement pardonnés. À y regarder de plus près, cela semble contredire la pratique de la confession, parce que même si les péchés de chacun ont déjà été pardonnés, l'individu semble toujours être tourmenté par le péché.

Cette contradiction est résolue lorsqu'on compare le message non-duel avec un message personnel.

Si on voit dans la mort de Jésus sur la croix la libération de l'illusion d'être une personne séparée - la mort du Christ sur la croix est sa propre libération - il devient clair que par là, les péchés de tous hommes sont pardonnés automatiquement.

Dans la mort apparente de « je suis », il s'avère qu'une personne agissant de manière indépendante n'existe tout simplement pas.

Il n'y a tout simplement personne ici, qui est capable de pécher.

Chaque action est ce qui semble se produire, sans cause et neutre.

Ce que la religion offre aux gens est à son tour un message personnel qui consiste exclusivement à offrir une réponse au dilemme personnel.

Comme tout enseignement personnel, il reconnaît ainsi la réalité d'un individu distinct et réside dans l'illusion qu'il existe un individu.

La tentative de l'Église de répondre au sentiment de culpabilité par le pardon et la confession n'est donc fructueuse que pour une courte période.

La religion sert à combattre les symptômes. Le fait que la cause du sentiment de culpabilité est une illusion reste caché.

— —

« Le monde est-il réel ou non ? »

Non, ça ne marche pas comme ça.

« Que veux-tu dire par "Ce n'est pas comme ça que ça marche" ? »

Tu ne peux pas voir cela d'un seul côté. Tu ne peux pas dire si c'est réel ou irréel. C'est à la fois les deux ou ni l'un ni l'autre. Et rappelles toi : quand nous parlons de « ceci », je veux dire : ce qui semble se produire. Ceci signifie tout ce qui semble se produire. C'est ceci, signifie tout le ceci. Mais on ne peut pas l'atteindre, tout comme on ne peut pas y arriver par un côté ou par un autre. « Réel ou irréel ? » - Qui le saurait ?.

« Est-ce important alors ? »

Non, bien sûr que non. C'est ce que c'est, et c'est comme c'est de toute façon. Ce n'est jamais reconnaissable par quelqu'un – et cet apparent tourbillon de concepts ne mène à rien. Même si c'est amusant. (rires)

« Peux tu expliquer un peu plus « réel et irréel » ? »

C'est réel dans le sens où tout est ce qu'il est. Une chaise est entièrement une chaise, une pensée est entièrement une pensée, l'illusion d'être une personne est l'illusion d'être une personne. C'est le côté réel. C'est irréel parce que rien de tout cela n'existe réellement en tant qu'objets. Donc les deux côtés sont chacun en tant que tels, illusoires. Il n'y a pas vraiment deux aspects « réel et irréel ».

Dans la libération, les deux côtés supposés se fondent dans l'inconnu. Les deux côtés s'annulent et se fondent dans une vacuité-unité inconnue.

Vous êtes cela, mais cela n'en fait pas l'expérience, ou plutôt, cette unité-vacuité est tout, les chaises, moi, toi, les pensées, les sentiments, la pièce, mais pour personne. Il n'y a plus rien de séparé qui pourrait en faire l'expérience.

« Cette unité ne se connaît-elle pas ? »

Oui et non. Cette vacuité-unité est elle-même ce qu'elle est, et elle n'est pas étrangère à elle-même. C'est la réalité naturelle.
Cependant, il n'y a là pas de véritable connaissance de soi, comme pourrait le supposer la personne apparente. La personne espère pouvoir s'éveiller à cette (vac)unité. La personne espère s'éveiller et se connaître comme une (vac)-unité ...finalement juste pour ne plus avoir de problèmes... (rires). Donc ce dont je parle est encore plus proche que « connaître ».

Parles-tu au moins de « quelque chose » ?

Eh bien, pas vraiment, bien sûr. Ce qui semble se produire ici, c'est une référence à soi-même. Ce rien-unité qui semble se produire en tant qu'échanges avec Andreas, reste en même temps lui-même.
Il n'y a ni véritable mouvement, ni véritable connaissance de soi.
En même temps, c'est complet et parfait.

« Wow, c'est vraiment un miracle. »

Eh bien, apparemment. (rires)

— —

« La « disparition du traumatisme » dont tu parles parfois peut-elle aussi être appelée clarification ? »

Oui, on pourrait appeler cela une clarification énergétique.

« Dirais tu qu'il y a une sorte de processus ou d'approfondissement ? »

Oui et non. Tout ce processus apparent est ce qui semble se produire.
Il n'y a pas de processus allant de moins d'unité à plus d'unité.
Il semble simplement que le traumatisme semble être apparemment perpetué par l'illusion "je", peut-être à travers une interaction énergétique et le besoin apparent de survivre en tant que je.
Le traumatisme sert souvent à maintenir le statu quo. Le statu quo de la personne est la réalité personnelle et la croyance en ce qu'elle a déjà réalisé ou possède.
Si ce moi même s'avère être une illusion, tous les comportements qui gravitent autour de la personne et sa recherche n'ont plus de sens. Quand je dis que les comportements n'ont pas de sens, je ne le pense pas d'une manière intellectuelle, mais d'une manière énergétique. Il n'y a

tout simplement plus personne ici, qui croit avoir besoin de certaines choses pour devenir ou être un moi heureux.

« Décrirais- tu la sexualité comme un besoin ? »

Non, je ne le ferais pas. Le sexe est ce qui semble arriver ou peut arriver, mais ce n'est pas quelque chose qui doit arriver. Il n'y a pas vraiment de besoin de sexe.

« Mais si j'ai ce besoin maintenant, est-ce mal ? »

Non, bien sûr, ce n'est pas mal. Ce n'est pas non plus mal de se considérer comme quelqu'un. Même si se vivre comme quelqu'un va de pair avec l'illusion des besoins. Et il n'y a rien de mal à cela non plus.
Le contrôle des besoins n'a jamais aidé personne.

« Le sexe peut-il encore avoir lieu ? »

Oui, il a lieu. C'est alors du sexe total. Ce n'est pas comme si ça ne marchait plus. (rires)

Merci, Andreas. »

Je te remercie aussi.

— —

Maîtres anciens et nouveaux maîtres

« Que penses tu réellement de Ramana Maharshi ? Il est considéré par de nombreux enseignants comme une autorité absolue. »

Quelle est la question ? Tu ne trouveras jamais un Ramana, comme tu ne trouveras pas un Andreas.

Je serais d'accord avec certaines de ses déclarations et en désaccord avec d'autres. Ramana a parlé pendant une vingtaine d'années et tout ce que nous avons aujourd'hui, c'est une poignée de livres, qui ont été traduits trois fois et compilés par plusieurs personnes.

D'une manière ou d'une autre, vous retrouverez toujours les mêmes conversations. Nous ne savons pas dans quel contexte ces conversations ont eu lieu, etc, etc. Ce que nous pouvons faire, c'est parler de ses déclarations, même si nous ne savons pas ce qu'elles signifient.

« Et que penses tu de la vénération des saints ? »

Il n'y a pas de saints. Je ne peux pas imaginer que Ramana aurait soutenu cela de quelque manière que ce soit. Je pense que c'était très simple.

Je veux dire, qu'est-ce qu'il a dit ? Lorsqu'on lui a demandé comment on peut devenir illuminé, il a répondu : « Trouvez moi un non illuminé. C'est tout. Y a-t-il quelqu'un ? Non, il n'y a personne. Affaire classée.

Peut-être qu'il aurait pu simplement dire qu'il n'y a personne.

« Est-ce vraiment aussi simple ? »

La simplicité est que c'est déjà comme c'est. Du point de vue de la personne, ce n'est pas facile du tout. Elle essaie de faire un pas. Elle essaie de faire un pas de la présence à l'absence. Elle essaie à partir de la connaissance « je suis » « d'arriver à une connaissance « je ne suis pas ».

C'est là que la pratique de Ramana entre en jeu et que le chercheur apparent commence à se poser cette fameuse question : « Qui suis-je ? » Avec la réponse, il voudrait glisser de la présence à l'absence.

Mais c'est justement là le malentendu : qu'il y ait ici quelqu'un qui puisse partir à la recherche et chercher. Qu'il y ait effectivement quelqu'un ici qui puisse retourner son attention et aller y jeter un coup d'œil.

Ramana aurait alors peut-être dit qu'il vaut mieux rester tel que l'on est réellement. Peut-être qu'il voulait dire que ce qui semble se produire est tout ce qu'il y a.

Il a également constamment indiqué qu'aucun acte et aucun effort n'était exigé. Et qu'en a fait la personne ? Un nouveau combat. Après avoir porté son attention sur l'introspection, elle essaie maintenant désespérément de rester présente. Au lieu de faire quelque chose, elle veut désormais être immobile et s'arrêter. Paf ! encore raté. C'est encore moi/il/elle qui fait quelque chose.

« Mais bon sang, qu'est-ce que je suis censé faire ? »

Où est ce « je » qui veut absolument faire quelque chose ?
Trouvez celui qui pourrait faire quelque chose ?! Répondez à cette question.
Trouvez celui qui n'arrête pas de se poser la question.

« Mais comment faire ça ? »

J'insiste. Qui ferait ça ?! Toute cette configuration n'est pas réelle.

Tout ce schéma dans lequel vous pensez exister est une illusion. Et nous ne parlons pas ici d'envolées spirituelles ou philosophiques. Ce dont nous parlons est extrêmement concret !

Ramana l'a peut-être dit aussi de manière très concrète.

Il s'est probablement simplement assis là, au pied d'Arunachala, dans cette impiété, et a dit ce qu'il a dit. Mais le fait qu'il n'y ait pas de saint ne fait que rendre ses déclarations encore plus directes. Comme ici.

Je vous le dis : oubliez Ramana. Oublie-moi. Oubliez tous les saints ainsi que les impies.

Il n'y a personne.

— —

« Je lisais Nagarjuna l'autre jour et il écrit tout le temps qu'il n'y a pas de soi, qu'il n'y a pas de monde, que tout est vide, que rien n'est réel. Il écrit cela tout au long du livre, dans presque tous les chapitres. Et puis, tout à coup, dans le dernier chapitre, il fait l'éloge du Bouddha. Il loue et rend hommage au Bouddha. Qu'en penses-tu ? »

Il veut probablement dire qu'il n'y a pas d'échappatoire. Il n'y a ni un « je » ni un monde. Mais c'est quand même exactement ce que c'est.

Il n'y a pas de monde et pourtant nous sommes assis ici et nous nous parlons. C'est ce qui semble se produire – pour personne.

Il n'y a pas d'échappatoire parce que notre conversation est "non-monde". Notre conversation est ce qui ne devient jamais réel.

« Parce que sinon ce serait du nihilisme et ce message n'est pas du nihilisme, n'est-ce pas ? »

Oui, exactement. Le nihilisme serait un autre point de vue ; une autre philosophie. Mais il n'y a aucun message. Du point de vue de la personne, cela peut ressembler à du nihilisme, car la personne entend toujours « non » : il n'y a pas d'illumination. Il n'y a pas de bonheur permanent. Il n'y a pas de Je. Partout elle n'entend que le non.

Mais ce qui est apparemment nié n'a de toute façon aucune substance. Ces choses n'existent tout simplement pas.

Mais ce qui est également souligné, c'est ce dernier chapitre. S'asseoir ici et parler, c'est louer le Bouddha. Être assis ici et parler est inévitablement entier et complet.

Bien entendu, ce n'est pas une pratique. Il n'y a personne ici pour faire ça. Louer le Bouddha est une réalité naturelle – en étant simplement ce qu'elle est et comment elle est. Rien n'est fait et rien ne doit être fait. C'est simplement « réel et irréel ». Rien n'existe et pourtant c'est comme c'est. Parce que tout est lui-même, tout se loue lui-même.

« C'est beau ça»

Oui, mais pour personne. C'est une louange silencieuse et immanente pour ainsi dire.
Aucune procédure, aucun processus et aucune conclusion.
Comme je l'ai dit, il n'y a personne.

« Peux-tu dire autre chose sur le fait qu'il n'y a pas d'échappatoire ?
Certaines personnes ici veulent aussi s'échapper d'elles-même. »

Il n'y a pas d'échappatoire à ce qui semble se produire. Tout est inévitablement lui-même, y compris vous-même, pour ainsi dire.
Vous ne pouvez pas non plus vous échapper de vous-même. Il n'a rien ici, qu'Andreas pourrait éviter. Il n'y a pas de véritable Andreas.
Andreas est ce qu'il semble se passer - pour personne -, y compris toutes les pensées, tous les sentiments, les conditionnements, les traumatismes, les guérisons et sa libération. Il n'y a personne piégé dans ce corps d'Andreas, ni personne qui puisse échapper à ce corps d'Andreas. La personne apparente aimerait s'éveiller de la petite conscience vers une conscience plus grande - c'est une idée de fuite. Elle veut s'échapper pour devenir meilleure. Et cela échoue constamment. Il n'y a aucune chance, car ce n'est pas réel.

« La petite conscience veut s'éveiller à la grande conscience"... c'est cool. »

Oui, mais au départ cette petite conscience n'existe pas. Cette expérience de soi « Je suis » n'a aucune substance. Apparemment, il y a un corps vivant, conscient, mais cette conscience n'est ni ce que nous sommes ni compréhensible. Mais même de cette conscience apparemment passagère, il n'y a pas d'échappatoire.

« Que veux-tu dire? »

La tentative de ne pas prendre conscience échoue également.
On ne peut échapper à la conscience. Vous ne pouvez pas toujours dormir, ni toujours vous enivrer pour ne pas prendre conscience.
À un moment donné, les yeux s'ouvrent à nouveau et le corps apparent perdure. Pour la personne, cela signifie aussi que la recherche continue.

« Et chez toi ? »

Il se passe ce qui semble se produire.
Les yeux s'ouvrent et la vie arrive. Apparemment.

« Penses-tu que la personne recherche son absence ? Est-ce pour cela que les drogues et l'alcool sont si attirants ?

Non, je ne pense pas que la personne recherche son absence. Elle recherche un état agréable. Elle recherche un état de légèreté et d'insouciance. Elle veut être sans histoire et sans vie quotidienne ; vivre une expérience sans limites. On ne s'enivre pas consciemment jusqu'au coma. Le moment idéal se situe dans les quelques minutes qui précèdent l'évanouissement.

L'inconscience et donc l'absence, n'est pas le but de la personne. Elle se raconte peut-être une histoire spirituelle, mais en fin de compte, dans cette absence elle veut continuer d'exister.

« Mais c'est une contradiction dans les termes ! »

Bien sûr que oui. Comme je l'ai dit, « l'illusion moi » ne recherche pas sa propre absence. Elle veut vivre une présence plus légère. Un présent plus léger.

« Est-ce une erreur ? »

Non, ce n'est pas une erreur. Elle ne peut pas s'en empêcher, ou plutôt le fait qu'elle ne puisse pas s'en empêcher, est ce qui semble se produire. L'illusion d'être une personne est aussi ce qui semble se produire. Pour personne bien sûr.

« S'il vous plaît, dites-le encore une fois : il n'y a pas de je ? »

Non, il n'y a personne.

— —

« Andreas, dans de nombreux écrits anciens du bouddhisme et de l'hindouisme, il existe d'innombrables descriptions de mondes différents. Tu peux dire quelque chose à ce propos ? »

Eh bien, ce sont toutes des façons différentes de vivre les choses.

Ce sont des descriptions de mondes d'expériences similaires.

Il y a également des écrits bouddhistes sur ces différents mondes. Autant que je sache, il existe plusieurs cieux, plusieurs enfers, des mondes intermédiaires et certainement bien d'autres encore. Dans l'hindouisme ces descriptions existent aussi .

Mais tout ça, ce sont simplement des expériences personnelles, apparemment vous pouvez l'expérimenter aussi de cette façon et ainsi de suite.

Apparemment, vous pouvez vous sentir comme étant en enfer et apparemment vous pouvez vous sentir comme étant au paradis.

Mais tous ces mondes sont rêvés. Toutes ces façons de se vivre sont rêvées. Tous ces mondes apparents s'évaporent lorsque s'évapore l'illusion qu'il y a quelqu'un ici. Ou plutôt, ce ne sont pas ces mondes qui s'éteignent, mais plutôt l'illusion que ces mondes existent.

« Alors on peut oublier tous ces mondes en toute confiance ? »

Bien sûr. Ce sont toutes des descriptions apparentes d'une illusion. Cela n'a aucune valeur.

« Mais il y a des gens qui s'y connaissent très bien. »

Oui, apparemment, il y en a. Dans la Bible, on les appelle des scribes (rires). Le problème, c'est que ça ne veut rien dire. Savoir comment c'est que de faire telle ou telle expérience est une connaissance illusoire.

Pour la personne, cela peut sembler important, mais ce n'est tout simplement pas le cas.

Le monde entier de l'expérience est rêvé, donc toutes ces descriptions ne sont rien d'autre que des descriptions d'un monde rêvé.

« Mais pourquoi alors, dans ces traditions, y accorde-t-on autant d'importance ? »

Parce que ces traditions sont des religions et parce que les religions sont des enseignements pour la personne. Dans le monde personnel, tout tourne toujours autour de la personne. Il s'agit de chercher dans le monde de l'expérience et de vivre ces expériences de la bonne façon.

Comment on peut expérimenter et comment on devrait expérimenter les choses semble naturellement important. De plus, l'ego n'a pas accès au fait que ce monde entier est rêvé.

« Mais alors tu remets en question toutes les religions et traditions. »

Oui bien sûr. Toutes ces religions et traditions sont basées sur l'illusion qu'il existe un moi séparé.

Si cette illusion s'évapore, toutes les idées et représentations, qui naissent de cette illusion, s'évaporent également.

L'illusion s'évapore et il ne reste plus rien.

Il n'y a ni une expérience de vérité, de divinité ni de la réalité elle-même. C'est l'Unio Mystica dont rêvent toutes les religions.

En même temps, cette Unio Mystica n'a rien de mystique. C'est simplement la surprise qu'il n'existe pas de « je ».

— —

U.G. Krishnamurti a parlé un jour de conscience libérée. Qu'est-ce qu'il pouvait vouloir dire par là ? Tu dis souvent qu'il n'y a aucune conscience. »

La conscience est libérée lorsqu'elle est libérée de l'illusion de l'expérience personnelle.

La conscience est libre lorsqu'elle n'appartient à personne qui se considère comme son propriétaire.

Dans un message personnel, « conscience libérée » est compris comme « conscience sans histoire ». Mais il existe toujours là une expérience de conscience.

La conscience est libérée lorsque la conscience est simplement conscience, quand elle ne se connaît ni ne s'éprouve, quand c'est exactement ce qui semble se produire. Vu sous cet angle, elle est purement fonctionnelle. Elle n'est ni personnelle ni réelle. Elle n'est pas ce que nous sommes et elle n'a aucun sens particulier. Et en même temps, c'est complètement ce qui semble se produire.

« *Purement fonctionnelle ?* »

Oh oui, c'est simplement ce qui semble se produire. Pour personne, pour ainsi dire. Le fait qu'Andreas semble être conscient apparemment, est ce qui semble se produire. C'est une fonction apparente du corps, comme un bras par exemple. Ce n'est ni spécial ni spirituel.

— —

« *Pouvons-nous dire qu'il n'y a aucune illusion ?* »

Exactement. Il n'y a aucune illusion. Il n'y a pas de soi dans ton corps ni dans mon corps. Et il n'y a pas de véritable illusion « je suis » ni dans mon corps ni dans le tien. Prétendre être un « je » est ce qui semble arriver - à personne.

« *Bien entendu, cela m'arrive.* »

Exactement... vous vous arrivez à vous-même, pour ainsi dire. Et oui, vous n'arrivez à personne d'autre. Cette expérience de soi est une réalité artificielle qui ne se connaît qu'elle-même et ne peut jamais s'échapper. Le moi apparent n'échappe jamais à sa propre présence, car il est cette présence vécue. De plus, il n'a pas accès au fait qu'il n'est pas réel.

« *Pourquoi donc ?* »

Parce que toute possibilité d'accès à sa réalité nécessiterait sa propre réalité. Cependant, comme il n'y a personne, il n'y a pas d'accès.

« *wow.* »

— —

« *Ramana Maharshi - et certainement d'autres aussi - a dit qu'après la libération, le karma prend fin et qu'aucun nouveau karma n'est créé. Qu'en penses-tu ?* »

Eh bien, à mon avis, il est important de savoir ce que Ramana entendait par karma. Je ne peux que spéculer.

Peut-être qu'il entendait par karma les enchevêtrements traumatiques auxquels on est exposé, en particulier les traumatismes développementaux qui ont lieu dans la famille.

Selon les recherches actuelles, celles-ci se transmettent sur plusieurs générations. Pour faire simple, cela signifierait que les enfants continuent dans une certaine mesure à vivre la vie et les traumatismes de leurs parents et à les transmettre en tant qu'adultes. Ramana a peut-être voulu dire cela avec "karma".

Alors d'une certaine manière, la vie actuelle serait en réalité en relation avec les vies précédentes.

Si je regarde ma propre histoire, je pourrais le constater. Certains comportements sont restés en moi même après l'apparente libération. Ce serait quelque chose comme continuer à vivre selon le karma existant. Cependant, j'ai aussi le sentiment que mes traumatismes s'atténuent et/ou s'estompent progressivement. Et cela n'arrive pas parce que j'y travaille consciemment. Il n'y a tout simplement personne pour se protéger de ces blessures.

« Certaines personnes disent que le traumatisme réside dans les cellules et y est « retenu ». »

Oui, mais qui ou quoi les retient là ?

« Aucune idée. »

Je ne le sais pas non plus. Mon impression est que d'une part il s'agit d'une réaction biologique, et d'autre part aussi une retenue de la part de la personne.
U. G. Krishnamurti a décrit la libération, entre autres choses, comme un phénomène physique. Lorsque l'illusion d'un centre s'évapore – ce qui ne se produit pas mentalement ou émotionnellement - toute l'apparente énergie est affectée.
Cela se répercute à son tour sur le plan émotionnel et mental.

« Et comment se produit cette chute du traumatisme ? »

Je ne peux pas vous le dire. Il semble que ce soit ce qui se passe. La seule justification apparente qui me vient à l'esprit est que plus personne n'est là pour pouvoir le maintenir. Comme je l'ai dit, ils ne sont pas réellement guéris dans le sens où leur chute nécessiterait une attention ou un travail particulier.

Il n'y a personne ici qui pourrait ou devrait faire cela. En tout cas, cela n'a rien à voir avec un travail de guérison classique.

« Et qu'est-ce que cela pourrait signifier qu'aucun nouveau karma ne soit accumulé ? »

Eh bien, si vous supposez que le karma signifie un comportement traumatisant, alors se résout aussi avec ce comportement la transmission de celui-ci. Il semble que le comportement traumatisant, s'il n'est pas résolu ou s'il se produit, continue tout simplement.

Et ainsi il semble que beaucoup de souhaits et désirs qui naissent d'un traumatisme, maintiennent le traumatisme à la fois dans sa propre histoire de vie et dans l'histoire familiale, si l'on a des enfants.

Dans le langage du karma, cela signifierait qu'un karma non résolu crée un nouveau karma. Dans le langage du traumatisme, cela signifierait que les traumatismes non résolus perpétuent le traumatisme, ou plutôt que la personne traumatisée recrée inconsciemment et constamment la situation traumatique. Je pense que cela s'appelle une reconstitution.

Concrètement, cela signifie que par exemple, une nouvelle relation se déroule sous les mêmes auspices que celle que vous avez laissée derrière vous.

« Mais Andreas, que dois-je faire avec ça maintenant ? »

Que veux-tu en faire ?

« Eh bien, cela semble très intéressant. »

Oui, d'accord. Et ? Ce que je viens de décrire ne peut être connu. Ce sont juste des histoires. Le Ramana apparent a dit quelque chose du karma et maintenant j'y ai rajouté ma propre sauce apparente.

Comme je l'ai décrit plus haut, ce serait simplement ce qui semble se produire, ce ne serait qu'une description apparente.

À partir du point de vue apparent de la personne, cela peut sembler avoir du sens, mais personne ne gagne rien à ce que les traumatismes disparaissent. Personne ne gagne rien à la résolution du karma.

Rien de tout cela n'est meilleur ou pire. Se sentir comme quelqu'un apparemment traumatisé ou karmiquement blessé est ce qui semble se produire. N'être personne et traverser le monde apparent avec un traumatisme/karma résiduel serait ce qui se produit - et n'être personne avec des traumatismes complètement disparus serait également ce qui se produit apparemment. Il n'y a personne ici-dedans. Personne n'est piégé dans l'illusion, et personne ne peut échapper à ce qui se passe. Tout est complet et entier. Ramana aurait pu dire que tout est le Soi.

— —

« Bonjour Andreas, Nisargadatta ou Ramana disent souvent que l'on doit suivre la pensée de l'ego ou le sentiment de l'ego jusqu'à sa

source. Cela ressemble beaucoup à une façon de procéder. Qu'en penses-tu ? »

C'est une histoire.

« Nisargadatta voulait dire qu'il fallait se concentrer sur le « je suis ».

D'accord, mais autant que je sache, il a révoqué cette idée à la fin de sa vie.

Bon, peut-être pas révoqué vraiment, mais pas vraiment recommandé non plus. Il n'y a simplement personne ici qui devrait ou pourrait faire cela. Il a dû abandonner ce conseil parce que ça ne se tenait plus. Ici - avec moi, ça ne tiendrait pas longtemps. Qui devrait faire ça ? Et surtout : pour quoi faire ?

Pour respecter ce conseil, vous devez vous plonger pleinement dans cette histoire : qu'il y a quelqu'un, qu'il y a un objectif et qu'il y a un moyen d'y arriver.

Mais c'est exactement le rêve ! Et le seul rêve. Il n'y a pas d'éveil à une réalité supérieure ou à une vérité supérieure. Cela devient tout simplement plus simple. De plus en plus simple jusqu'à ce que ce soit juste ça, ici. Ce dont nous parlons est si simple ; En fait, cela ne vaut même pas la peine d'être mentionné.

« Mais alors de quoi parlent Ramana et Nisargadatta ? »

D'un point de vue conceptuel, ce n'est pas faux du tout : l'histoire, c'est que la conscience a lieu avec l'histoire.

Ce serait quelque chose comme « Je suis Pierre, le facteur ». Si vous laissez de côté l'histoire « Pierre, le facteur », ce qui reste est un pur « Je suis ». Et ce pur « Je suis » est plus proche de basculer dans l'absence - c'est le concept. Alors il vaut donc mieux se maintenir dans le pur "je suis".
La prochaine étape sera alors le pas vers l'absence.

« Nisargadatta dit qu'on ne peut pas faire ce pas.»

Oui, et je dis aussi qu'on ne peut pas faire tout ces pas avant non plus. Toutes ces étapes sont illusoires d'une part et ne sont pratiquées par personne. Nisargadatta a dû s'en rendre compte à un moment donné.

« Tu parles parfois de s'y fondre lentement. »

Oui, cela peut être possible. Tout ce processus apparent - la conscience avec l'histoire, la conscience sans histoire, la présence, la disparition de la séparation- n'est au mieux qu'un événement apparent qui n'est ni réel ni réalisable par "quelqu'un". Cela peut prendre des années ou se produire en quelques secondes.

« Ce serait une fin très soudaine. Et le pas vers l'absence serait alors... »

La libération. C'est lorsque l'expérience de la conscience retombe dans l'océan.

« Hé, c'est de la poésie. »

Oui je sais cela semble pompeux, pourtant cela décrit quelque chose de très ordinaire. C'est simplement la mort de « l'illusion Je ».

« Il n'y a donc aucune préparation pour ça ?! Même si Nisargadatta donne l'impression qu'il existe un moyen ou une préparation pour cela ? Je pense qu'il y a dans le bouddhisme aussi l'idée qu'on pourrait, et peut-être même qu'on devrait s'y préparer. »

Non, il n'y a pas de préparation. Toute préparation serait liée à quelque chose. Elle ferait référence à quelque circonstance. Vous ne pouvez pas vous préparer à la mort ou à la vie. C'est l'espoir de l'ego illusoire, oui, mais cela n'est jamais possible, car il n'y a ni mort en tant que telle, ni vie en tant que telle.

« Que veut dire Ramana lorsqu'il parle du « cœur spirituel », qui est censé se trouver sur le côté gauche du haut du corps ? Est-ce le siège de la conscience ? »

Oui il est possible qu'il pense cela. C'est peut-être là où l'on pointe du doigt lorsque l'on se montre du doigt. C'est le centre de tout être - c'est là que siège l'esprit, pour ainsi dire, le pur "Je suis". Et oui, d'une certaine manière, c'est le centre spirituel - le siège de « l'esprit ».

« Je crois qu'il conseille également d'y rester. »

Et là à nouveau, nous ferions du Nisargadatta : demeurer dans un esprit pur comme méthode. Je pense que ce qui est écrit dans les anciens textes était plus une description qu'une méthode ou une technique.

Car de mon point de vue, vouloir rester dans ce « je suis » serait encore une autre histoire.

Comme je l'ai dit, qui voudrait faire ça ? Dans quel but et pourquoi ? C'est précisément ce centre qui est tout à fait sans substance. La fin de « l'illusion Je » est la fin de ce centre spirituel et même la fin de l'illusion que ce centre existe.

Par conséquent, toute spiritualité prend fin. Elle est tout simplement impossible, car cet esprit même s'évapore dans l'inexistence.

« N'es-tu alors qu'une pièce vide ? »

Oui et non... ce qui reste n'est pas quelque chose. C'est vide et plein à la fois. Et c'est comme avant. Quand je parle de la mort de l'illusion je, cela peut ressembler à une véritable perte. Mais rien n'est perdu du tout, car il n'y a avait rien avant. D'une manière très drôle, il ne se passe rien du tout et en même temps c'est très concret : ce n'est ni mort, ni calme, ni ennuyeux du tout.

Tony a dit à un moment donné que c'était "explosif". UG l'a appelé "atomique". Et Ramana a également parlé d'une grande énergie.

D'une certaine manière, c'est le renversement énergétique complet en ce qui concerne l'expérience personnelle.

En ce sens, c'est explosif ; cela semble atteindre ou pénétrer chaque cellule. Dans le cas d'U. G. en deux semaines, dans mon cas en deux ans. Tout bascule : toutes les vérités et certitudes et aussi toutes les valeurs. Tout ce qui semblait cher à la personne est consommé et livré au néant.

« Cela semble très dramatique. »

Oui je sais. Du point de vue de l'apparent « je » , c'est dramatique.

Mais qu'entends-tu par renversement énergétique ?

Eh bien, toute l'énergie de la personne se rapporte à elle-même. Elle aspire tout, elle a ses besoins, tourne sur son propre axe ; toute l'énergie est égocentrique. Ce n'est ni bien ni mal. C'est comme ça quand l'illusion « je » semble se produire. Une ébullition constante dans son propre jus. Lorsque ce centre implose, « je » explose en même temps et toute l'énergie est libérée.

C'est la fin de l'éternelle « rotation autour de soi » - mentalement, émotionnellement, énergétiquement. Mais s'il vous plaît : je dis cela de manière totalement neutre. Rien de tout cela n'est meilleur ou pire que l'autre. C'est simplement ce qui arrive apparemment - à personne !!

Il n'y a absolument personne responsable de l'un ou de l'autre. C'est ce qui semble se produire.

« Alors, tout ça c'est une seule grande histoire ? »

Ah oui, absolument. Il s'agit simplement de ce qui semble se produire.

« N'est-ce pas aussi une histoire ? »

Oui c'est ça.

— —

La recherche de Dieu, de la vérité ultime ou de l'illumination, est la recherche de la coïncidence absolue. La personne recherche l'épanouissement, l'amour et l'arrivée dans l'espoir que « là-bas » quelque chose d'aussi fiable et stable qu'elle-même existe.
« Si seulement je pouvais trouver cela, tout irait bien ». C'est la recherche du partenaire absolu.

« Tony Parsons dit qu'il est l'amant parfait ».

Oui c'est ça. Mais pour personne.

« Que veux-tu dire? »

L'amour est la réalité naturelle. Rien n'est perdu et rien n'a besoin d'être retrouvé. Toute cette quête est un rêve complet. Ce qui semble se produire est parfait, dans le sens où il n'y a pas de compromis. Il n'y a plus de choix entre ce qui est acceptable et ce qui ne l'est pas.
D'ailleurs, cela a toujours été comme ça.

Mais comme je l'ai dit, nous ne parlons pas d'un état, la réalité naturelle est inexpérimentée par quelqu'un et intemporelle.

« Existe-t-il alors une « réalité naturelle » ? »

Non, bien sûr que non.

« Hum. »

— —

« Récemment, j'ai repensé à la différence entre la vie et la mort. L'idée que ma vie s'arrêterait. J'ai trouvé cela triste et inquiétant. D'une manière ou d'une autre, j'ai réalisé à quel point la vie était précieuse pour moi. »

Oui, face à la mort, l'amour pour la vie grandit. Lorsque le soi apparent regarde la mort dans les yeux, il remarque d'abord à quel point il aime son existence. Si cette vie individuelle s'évapore en tant qu'illusion, elle se fond dans l'amour.
Ce qui reste alors, c'est l'amour sans condition. A la fin, s'évapore aussi la condition selon laquelle vous devez être vivant en tant que « je ».

« L'amour personnel inclut également le désir de préserver la vie. Et aussi la peur que cette vie puisse vous être retirée. »

Oui, c'est exactement pour cela que cet amour est conditionnel.

Il est conditionné par sa propre présence. Du point de vue de la personne apparente, l'amour est lié à l'illusion d'être et d'expérimenter.

« Il me semble que l'on ne peut pas vraiment en profiter du tout. D'un côté c'est tellement agréable d'être en vie et de l'autre on a peur de la fin. J'ai aussi peur qu'à un moment donné, ce soit fini et qu'il ne reste plus rien. »

Ce n'est déjà rien. C'est une vie imaginaire. La personne y est attachée, parce que c'est tout ce qu'elle a. Sa propre présence avec tous ses souhaits, ses espoirs, tout ce qu'elle croit avoir est en elle. Sa présence est également impérative pour vivre sa libération future.

« Si je compare maintenant tout ce monde coloré d'expériences avec ce dont tu parles, cela semble très vide et mort. »

Oui, du point de vue de la personne, la réalité naturelle semble vide et morte, totalement peu attrayante.

« Quand j'imagine la mort physique, il n'y a tout simplement rien. Comme si c'était « noir », froid et vide. Comment est-ce pour toi ? »

Pour moi, ce n'est même pas "rien". Je ne peux pas imaginer ce que c'est que d'être en vie, ni ce que c'est quand il n'y a rien ici. Il n'y a déjà rien ici – « rien » dans le sens de rien de réel.
Le dilemme du chercheur apparent est qu'il doit se séparer de l'amour pour y goûter. Quand le chercheur retombe dans l'amour, reste ce qu'il est déjà : un amour sans goût.

« Lorsqu'on lui a demandé ce qu'il fallait faire pour s'éveiller, Ramana a répondu : "Soyez vous-même". »

Le dilemme est que vous ne pouvez pas du tout faire : « Soyez vous-même ! » Vous l'êtes déjà. Ce n'est pas une invitation ou une méthode. Vous ne pouvez pas et ne devez pas être consciemment vous-même. Ce serait absurde. Il s'agit plutôt d'un indication et non d'une méthode. "Il n'y a rien à "goûter" signifie qu'il n'y a rien à trouver. Il n'y a aucun goût à être amour. Il n'y a pas de goût de ce que c'est vraiment. Il est seulement ce qu'il semble être. À cet égard, vous l'êtes déjà, mais sans en avoir l'expérience.

« "Vous ne pouvez pas vous goûter" signifie qu'il n'y a aucune expérience possible de la réalité naturelle ? »

Oui, exactement. Il n'y a pas de séparation.

« Ramana a également dit qu'il faut d'abord trouver celui qui n'est pas éveillé et le laisser disparaître. »

Oui, autre indication apparente : il dit simplement qu'il n'y a personne ici. Avant que vous ne vouliez vous éveiller, regardez s'il existe quelqu'un qui n'est pas éveillé. Mais cette constatation serait encore une histoire.
Le chercheur apparent adorerait tellement pouvoir en faire une méthode et pouvoir découvrir qu'il n'y a personne. Mais ce n'est pas l'indication donnée. L'indication est qu'avant même que le chercheur puisse comprendre qu'il n'existe pas,

personne n'est là. À cet égard, il n'y a même pas de constatation à faire.

— —

La personne ne connaît que les conditions et les circonstances. Elle se vit comme une circonstance réelle "Je suis" et cherche une circonstance dans son expérience qui est tout aussi réelle qu'elle. Mais cette circonstance n'existe pas.

Dans l'expérience personnelle, il s'agit d'un va-et-vient constant : les sentiments vont et viennent, la santé va et vient, les pensées, les partenaires, la météo, etc. Mais comme elle se ressent comme constante, elle espère trouver une contrepartie.

Vue sous cet angle, toute la recherche de Dieu, la recherche de sens, la recherche de vérité est une projection personnelle.

La personne se cherche elle-même. Mais bien sûr, tout cela relève du rêve : votre propre constance est illusoire.

Certaines personnes prétendent que l'on pourrait se trouver soi-même, que vous pourriez découvrir que vous êtes la conscience éternelle et que cela serait la seule vraie constante. Loin de là. Cette prise de conscience est également sans substance.

« Y a-t-il quelque chose de constant ? »

Non, ça n'existe pas.

« Il n'y aurait donc qu'un changement permanent ? »

Non, ça n'existe pas non plus. Il n'y a pas de rivière de vie qui coule constamment. Les deux concepts naissent de l'expérience personnelle : d'une part, qu'il y a quelque chose de constant (« je »), d'autre part, qu'il y a un changement permanent (ce que j'expérimente).

Les deux s'avèrent illusoires : le mouvement et le calme, le silence et le bruit, le premier plan et l'arrière-plan. L'effondrement de ces opposés est la réalité naturelle. L'amour et la liberté sont la réalité naturelle qui ne peut être ni atteinte ni expérimentée.

« Et qui ne doit pas nécessairement être vécu ? »

Non, bien sûr. C'est le message. L'expérimentateur est illusoire.

L'idée selon laquelle quelque chose doit être vécu est une illusion.

Quoi qu'il en soit, rien n'est réellement vécu.

Que vous devriez expérimenter quelque chose de spécifique – la plénitude, l'épanouissement, l'illumination, la joie, le bonheur – c'est le rêve ! Rien de tel n'est possible, et ce n'est pas du tout nécessaire non plus.

Ce qui semble se produire est automatiquement toutes ces choses.

Pas dans un sens sacré, plus élevé, mais sans fanfare, car c'est impersonnel et par conséquent inexpérimenté par quelqu'un.

« Ce qui est étonnant c'est que cela n'a jamais été autrement. Même dans mon histoire, quand je regarde en arrière, ça a toujours été

comme ça. Ce n'est pas comme si ce n'était pas comme ça à un moment donné. »

Ah oui, bien sûr. Cela a toujours été parfait. Chaque pas, chaque pensée, même la supposition qu'il y avait encore quelque chose à trouver, était parfaite.

Je ne repense pas à ma vie et ne pense pas avec horreur à l'époque à laquelle la recherche a eu lieu. C'était plein et harmonieux d'une manière merveilleuse.

Que ce n'était pas toujours ça, quelle illusion ! Le fait que je devais encore trouver quelque chose était une illusion. Même le fait qu'il aurait dû y avoir une fin à cette illusion faisait partie de cette illusion.

Ne pas pouvoir voir l'unité est unité.

Curieusement, strictement rien n'a changé.. d'ailleurs je ne vois toujours pas la vérité aujourd'hui.

Elle est tout aussi inexpérimentée qu'à l'époque, mais aujourd'hui sans l'illusion de séparation, qui crée d'emblée cette illusion d'une « vérité expérimentée».

« C'est vraiment génial. »

Oh oui. Apparemment.

— —-

Malentendu

« Andreas, je commence vraiment à être un peu perdu. Tout le temps, tu parles d'un soi présumé et apparent, puis tu répètes qu'une telle chose n'existe pas.
Je commence à avoir l'impression que c'est toi qui alimentes la recherche en premier. »

Alors c'est de ma faute si vous êtes assis ici ?

« Eh bien, pas vraiment, bien sûr. Mais on dirait que tu parles de la mort de la « personne » et que tu lui donnes ainsi de l'espoir. »

Oui, le chercheur apparent espère. Et oui, la personne cherche. Au travail, dans la spiritualité et oui, ici aussi.
Dès que quelqu'un s'assied ici devant tourne le monde et ouvre la bouche, « la personne » pense qu'il y a quelqu'un là-bas qui a quelque chose.
Peu importe ce que je fais, elle suppose toujours que je suis quelqu'un qui a ce quelque chose d'une manière ou d'une autre.
Tout comme il suppose que les arbres sont des choses distinctes et tout comme il suppose que sa recherche est réelle et peut être achevée.

« Mais alors pourquoi parles-tu d'une personne ? »

Je ne parle pas du tout d'une personne. Ce qui semble se produire, c'est parler d'une illusion apparente : à savoir l'illusion qu'il y a quelqu'un ici. C'est ça dont je parle.

Ce n'est pas réel, ni se passe dans quelque but que ce soit. On pourrait tout aussi bien parler des arbres ou de nos dernières vacances.

Cela n'aurait pas d'importance.

Mais ça n'a pas d'importance non plus de parler de l'illusion apparente d'être quelqu'un.

Il est inévitable que le chercheur apparent s'imagine dans son propre monde. Il n'y a personne non plus qui puisse l'éviter. « Se sentir comme quelqu'un » et rechercher le «vrai bonheur », c'est ce qui semble se produire. Ce n'est ni bien ni mal et ne peut être ni fait, ni empêché.

La même chose s'applique à moi et à ce discours.

« Mais à quoi ça sert tout ça ? »

Aucune idée.

« Alors pourquoi tu n'arrêtes pas ? »

Pourquoi tu ne t'arrêtes pas ? Pourquoi n'arrêtes-tu pas d'être "toi" ? Pourquoi n'arrêtes-tu pas de venir ici ? Tu n'es pas obligé de venir ici et d'écouter ces apparentes absurdités. Arrête ça.

« Hum. »

Il n'y a pas de réponse au "pourquoi". Je ne peux pas vous dire pourquoi je suis assis ici à parler.

Si tu as eu l'impression qu'il y avait une personne séparée ici, j'en suis désolé. Mais pour être honnête, je suppose que tu cherchais déjà avant de venir me voir. Tu as probablement pensé toute ta vie que tu était « quelqu'un. » Et il s'avère que je ne peux rien y faire. Tout ce temps, tu t'es culpabilisé et quand t'en as assez, tu m'accuses. Mais il n'y a personne ici, ni chez toi ni chez moi. C'est juste ce qui semble se produire - qu'on ne peut pas arrêter et qui n'est vécu par personne.

« Cela me met vraiment en colère ! »

Qu'est-ce qui te met en colère ? Que ça n'aura pas de fin ? Que ça ne mène nulle part ? Que tu es toujours assis ici et que tu n'as rien trouvé ?

« Oui, peut-être. Tu sais, tu es assis ici juste à parler de la mort de la personne et de la façon dont quelque chose comme ça peut arriver. »

Oui, et le chercheur se réveille immédiatement et veut l'obtenir aussi.

« Et pourtant il n'y a personne. »

Je ne veux pas dire par là qu'il y a quelqu'un. C'est simplement ce qui semble se produire. »

« Mais ce faisant, tu alimentes cette idée ! »

Ah ouais, je fais ça ? Qui se sent interpellé par cela ? Qui est là ? Il n'y a rien dans cet univers apparent qui connaisse ou indique l'existence d'une entité distincte.

Aucune planète, aucun arbre, aucun nuage, aucun sentiment et aucune pensée ne connaissent un « je ».

Rien n'indique la « personne ». Mais ce qui semble se produire, c'est que la personne se reflète dans tout. Elle se reconnaît en tout et tout ce qu'elle croit vivre semble confirmer son existence.

Mais rien ne confirme l'illusion. Seule la personne reconnaît la personne.

« Alors maintenant, c'est encore ma faute. »

Mais pourquoi ? Il n'y a personne. C'est juste ce qui semble se produire.

« Merde. Mais je veux que ça s'arrête. »

Qu'est-ce qui devrait s'arrêter ?

« Eh bien, ce tourment éternel. Cette éternelle recherche. Cet éternel «Je suis .»

Oui c'est ce qui semble se produire.

— —

C'est parfait comme ça tel que c'est. vous n'avez pas besoin d'attendre une quelconque réalisation, car il n'y en aura pas. Chaque réalisation apparente fait partie du rêve.

« Andreas, j'ai parfois l'impression que tu nies simplement tout. C'est facile de dire de tout que ça n'existe pas. Premièrement, cela n'aide pas, et deuxièmement, je trouve cela très négatif. »

Je ne nie rien du tout. C'est l'indication apparente que ce qui est, est tout, et que c'est naturellement parfaitement complet.

« Mais pourtant tu nies le "je". »

Il n'y a aucun « je » que je doive nier. Si tel était le cas, ce message serait un message personnel pour une personne. Rien n'est nié.
Si vous vous considérez comme quelqu'un, c'est exactement ce qui semble se produire. Mais se vivre comme quelqu'un ne crée pas une personne réelle. L'illusion apparente « je » ne crée pas « je ».
À cet égard, « je » n'est pas du tout nié – et en même temps l'apparente «illusion je» semble apparemment s'affirmer.

« Pourquoi est-elle seulement « apparemment » affirmée ? »

Parce qu'il n'y a pas de processus. L'affirmation est implicite. L'apparente « illusion Je » s'affirme pour ce qu'elle est : une perfection aveugle, qui apparaît en tant qu'illusion qu'il y a ici « quelqu'un ».

C'est précisément pour cela que rien n'est né. C'est naturellement complet, automatique, pour ainsi dire.

« Et c'est pour ça que rien ne doit changer ?! »

Oui, rien ne doit changer. Les choses ne changent pas par nécessité ou par besoin. Seule l'illusion apparente « je », réside dans l'idée que quelque chose doit vraiment changer.
Cette nécessité renvoie à l'hypothèse selon laquelle l'accomplissement doit d'abord être trouvé : « Pour que je sois vraiment heureux, quelque chose doit changer. »
Mais l'illusion n'est pas seulement que quelque chose doit changer, mais qu'il y ait quelqu'un ici.
S'il n'y a personne, rien ne doit changer.

« Ceci est bien sûr différent de l'enseignement personnel. »

Ah oui, absolument. Pour que la perfection règne, quelque chose doit toujours d'abord changer. Soit le monde doit changer, soit je dois changer. Il y a au moins une condition préalable : « La perfection, oui, mais pour moi. Je dois pouvoir les voir et les vivre. »
Et ce « je dois pouvoir en faire l'expérience » est ce qui doit encore changer. Pour le moment, ça ne semble pas satisfaisant.

« Mais qu'en est-il de l'enseignement alors ? »

On y trouve tous les ingrédients de l'expérience personnelle : le temps, l'espace, quelque chose qui ne colle pas et un idéal qui promet l'épanouissement.

Il y a soit une réponse, soit un mode de vie, un état d'être, quelque chose comme ça. Dans un enseignement personnel, il y a toujours quelque chose qui ne va pas, une idée de la façon dont cela serait mieux, et votre propre positionnement dans l'ensemble.

Il y a une certaine promesse. Tout enseignement vient du rejet de tout ce dont on semble apparemment avoir conscience. Mais c'est une illusion. L'ensemble de ce schéma n'existe pas.

« Et si l'on devait simplement être conscient ? Certaines personnes disent que l'on est pure conscience. »

Ces enseignements sont également basés sur le rejet et la séparation. L'enseignement est que nous devons apprendre à être cette conscience. L'idée est que si vous restez conscient, vous êtes libéré du monde.

Et encore une fois, il y a quelque chose que vous êtes et quelque chose que vous ne devriez pas être. En cela, le monde dans son ensemble est rejeté. À cet égard, tous les enseignements d'éveil correspondent à une expérience personnelle. L'illusion « je » apparente veut s'éveiller de la conscience quotidienne du monde vers une conscience pure, spirituelle et divine. L'idée que l'on peut consciemment être - et rester - pure conscience n'est qu'une idée de plus d'une expérience personnelle épanouissante.

En réalité, il est difficile de revenir et de rester en tant que pure conscience.

« Mais quelle est l'illusion là-dedans ? »

L'illusion est que cette expérience de « je suis » est réelle, que la souffrance apparente de la séparation est réelle et que la recherche de l'accomplissement est nécessaire. C'est ce que je voulais dire quand j'ai dit que tout ce schéma est illusoire. Il n'y a tout simplement personne ici.

— —

« Andreas, tu dis que le monde est une illusion. Si tout est illusion, qui le remarquera ? »

Je ne dis pas du tout que le monde est une illusion. Faire l'expérience d'un monde d'un point de vue séparé est une illusion.
Le monde est le monde.
Personne ne l'expérimente, personne n'en a conscience et personne ne le connaît. Le monde ne se connaît pas et ne fait pas non plus l'expérience de lui-même. Il n'y a pas de monde – dans le sens où il n'y a pas d'expérience d'un monde. À cet égard, c'est tout simplement la réalité naturelle.

« Hmm, oh, je pensais que le monde était une illusion. »

Non, absolument pas. Ce qui semble se produire est tout. Le monde apparent, les pensées et sentiments apparents, les actions, l'environnement, les villes, les maisons - c'est la perfection inconnaissable et inexpérimentée.

Le monde apparent est réel et irréel, à la fois là et pas là, ou ni l'un ni l'autre. Tout ce que tu veux. "Je suis" est la seule illusion.

« Je n'ai jamais complètement compris cela. Tu nies le «moi». Pourquoi tout devrait-il exister, et pas le « moi »?

Eh bien, je ne nie pas le «moi », mais oui, il n'y a pas de «moi ». Ce qui semble se produire, cependant, c'est que vous vous considérez comme quelqu'un ou que vous supposez qu'il y a quelqu'un ici. C'est ce qui semble se produire- tout comme les maisons, les corps, les murs, etc. Mais personne n'habite cette apparente illusion. L'illusion d'être « quelqu'un » est une perfection aussi inconnaissable et inséparable que toute autre chose.

Cette illusion apparente est aussi absolument parfaite telle qu'elle est et pour ce qu'elle est apparemment : une illusion apparente.

« D'accord, hmm... je ne peux vraiment rien faire. »

Absolument. Il n'y a personne ici qui fait ou laisse aller les choses, déjà maintenant pour ainsi dire.

C'est pour cela qu'il n'y a pas de message. À qui dois-je parler ? Qui pourrait échapper à ce qui se passe et s'éveiller ? Ce seraient des idées au sein de l'illusion. Ces idées sont aussi ce qui semble se produire, et pourtant ce sont des idées pour personne.

« Mais je ressens ce désir d'unité. »

Oui, c'est ce qui semble se produire. C'est la perfection en tant que désir.

Il n'y a personne ici qui puisse vraiment devenir « un », ni personne qui puisse être aidé d'une quelconque manière.

C'est tout simplement impossible. Tout le reste serait une leçon qui vient de l'expérience de la séparation et ne pourrait rien faire d'autre que confirmer cette apparente séparation.

Le « désir d'unité » est déjà sans réponse. Le « désir d'unité » est déjà le soi non expérimenté. Il n'y a personne dedans.

— —

"Mais Jésus lui dit : Suis-moi,
et que les morts enterrent leurs morts !"
(Matthieu 8 :22)

« Andreas, quand je t'entends parler comme ça, j'ai l'impression que tu es un zombie. Tu dis que tu es mort, mais ton corps est toujours là et se promène. Cette absence d'expérience me semble tout simplement terrible. »

Un zombie, c'est l'inverse : le corps est mort, mais une sorte de « mort-vivant » y vit... et ce mort-vivant apparent a constamment soif du sang des autres. Il court constamment après quelque chose ou quelqu'un, comme s'il ne voulait pas admettre sa propre mort et essaie désespérément de rester en vie. Cela correspond davantage à une expérience personnelle.

« Alors c'est moi le zombie ? »

C'est toi qui le dis.

« C'est terrible de ne rien expérimenter. »

Ah oui, absolument. Du point de vue de la personne apparente, sa propre présence et « faire l'expérience » signifient vivre.

C'est ce que semble être la vie : une série d'expériences personnelles. Mais c'est exactement ce qu'est l'illusion : l'expérience qu'il y a ici une entité séparée qui expérimente. C'est comme le mort-vivant qui cherche constamment à s'accomplir afin de maintenir son existence illusoire en vie. Mais le mort-vivant n'a jamais vécu.

Exactement comme il n'existe pas de zombies.

Du point de vue de la personne, l'idée de ne plus vivre d'expériences est terrible. Ce serait une désolation totale de vivre sans rien expérimenter. Ce n'est pas du tout attrayant, mais ce n'est pas non plus de cela dont nous parlons ici.

C'est tout le schéma issu de « Je vis quelque chose d'illusoire » qui est illusoire. Le problème est que l'idée de la mort ou de l'absence est au moins aussi peu attrayante que de ne plus rien vivre. Tous les efforts, les aspirations et les espoirs – toutes les choses importantes – se déroulent dans cette présence. Pour le moi, toute la vie, toute la recherche existent pour ainsi dire à partir de ce « je suis ». L'idée de ne pas être peut paraître étrange et irritante. Chaque effort était destiné à cette présence.

« Oui, c'est vraiment total ce dont tu parles ici. »

Oui c'est ça. Ce qui semble se produire est absolument total. Il est lui-même – sans double fond et sans autre niveau.
Il n'y a rien derrière, rien de caché. C'est la totalité apparente qui est déjà. «Elle» n'est ni là ni pas là, ni morte ni vivante. même cette petite et apparente existence « je » qui se prend pour tout, est exactement ce qu'elle semble être : l'illusion d'être séparée et d'être une chose relative dans un monde relatif. La non plus, il n'y a rien derrière, ni rien de caché.

« Mais je ne veux pas être quelque chose de relatif. »

Oui, exactement : tu cherches l'absolu, le vrai, le grand absolu. C'est la recherche de Dieu ou d'une instance absolue.

« Oui, c'est vrai. Je cherche "quelque chose". »

Oui, c'est ce qui semble se produire.

— —

« Bonjour Andreas, j'ai une question sur les traumatismes. Il y a des gens qui disent qu'il faut guérir ses traumatismes avant de s'attaquer à la non-dualité. J'ai entendu dire que les personnes traumatisées ne peuvent percevoir le silence lorsque le traumatisme existe. »

Je pense que c'est une histoire, et que dans cette histoire il y a beaucoup de malentendus sur ce qu'est le traumatisme et ce qu'est la non-dualité.

Le traumatisme est illusoire, et y faire face dépend de ce qui semble se produire ou non. Il n'y a personne ici qui puisse le faire ou ne pas le faire. D'un autre côté, la non-dualité n'a rien à voir avec un silence perceptible. Les personnes apparemment traumatisées peuvent bien sûr difficilement s'arrêter mentalement et le corps est constamment en tension, mais la libération n'est pas une expérience silencieuse.

L'expérience du silence n'est pas non plus une condition préalable à la libération.

La "personne apparente" peut disparaître dans toutes les circonstances apparentes. Il n'y a ni travail préparatoire ni préparation pour cela.

« Que veux-tu dire par : Cela peut disparaître en toute circonstance » ?

La mort apparente « je » peut être soudaine, dans la situation dans laquelle on se trouve au moment donné, notamment dans un état émotionnel, traumatisé ou conditionné. L'illusion apparente « je » peut également disparaître lentement. Quoi qu'il en soit, cela n'a rien à voir avec vous-même ou quoi que ce soit d'autre. C'est simplement ce qui semble se produire.

« Est-ce que beaucoup de personnes traumatisées viennent à tes conférences ? »

Oui et non. La plupart des gens sont traumatisés ou affectés d'une manière ou d'une autre, par ce qu'on appelait autrefois l'éducation.

Et pourtant, j'ai l'impression que relativement peu de personnes gravement traumatisées s'accrochent à ce message.

Je l'ai vécu différemment lorsque j'étais au Satsang. À mon avis, il y avait un nombre relativement important de personnes traumatisées qui recherchaient une guérison et une figure paternelle ou maternelle.

Dans une certaine mesure, ils ont pu faire une pause grâce à ce jeu avec un gourou. Je faisais aussi partie de ces personnes les plus traumatisées.

Bien que j'aie connu beaucoup de guérison pendant cette période, lorsque j'ai rencontré Tony et son message, je n'étais en aucun cas exempt de traumatismes. Ce message non-duel n'offre rien - ni intellectuellement ni émotionnellement.

Et finalement pas sur le plan énergétique non plus, même si j'utilise parfois ce mot. « La personne apparente qui cherche de l'aide » n'est tout simplement pas reconnue par elle-même, et le message n'intéresse donc pas ceux qui recherchent simplement la guérison.

« Mais ne penses tu pas que certains s'accrochent aussi à l'idée qu'il n'y a personne et que cela peut aussi faire partie d'un traumatisme ou à en alimenter un ? »

Oui, on peut le supposer.

La personne apparente essaiera certainement d'utiliser ce concept selon lequel « il n'y a personne ici », à ses propres fins et restera coincée dans sa séparation.

D'une certaine manière, ce concept sert apparemment à séparer la personne. Cependant, j'ai l'impression que cela dure rarement très longtemps.

Ce message n'est surtout pas une méthode et pointe - énergiquement parlant - exactement vers ce qui semble se passer.

À cet égard, il s'agit plus d'une gifle que d'une berceuse.

C'est pourquoi j'ai l'impression que les personnes gravement traumatisées qui recherchent avant tout une guérison s'éloignent rapidement. Ce message n'offre tout simplement pas ce qu'ils recherchent.

Et même s'il arrive que quelqu'un espère pouvoir dissimuler ses traumatismes avec ce message, il s'agit plus probablement de la continuation d'un comportement déjà existant.

Dans ces cas-là, il y avait déjà blessure – et cela continue simplement à se produire ; je connais aussi quelques personnes qui sont relativement gravement traumatisées et qui ont pourtant perdu l'ego à court terme avec ce « concept », - et qui se sentent attirées par ce message malgré le traumatisme et le désir de guérison. C'est la même chose pour qui que ce soit : il n'y a personne. Malgré tout le traumatisme apparent, il n'y a pas de personnes traumatisées. Il n'y a personne.

« Alors on n'a pas besoin de se soigner soi-même ? »

Non, vous n'êtes pas obligé. Il n'y a peut-être aucun moyen d'éviter le problème, mais vous n'avez rien à faire. Rien de spécial ne doit arriver – et le traumatisme ne doit pas non plus absolument cesser.
Concernant ce message, il serait presque absurde de supposer que quelqu'un soit réellement traumatisé. Tout cela ferait partie d'une histoire.

« Eh bien, à mon avis, il y a un rapport très étrange entre la thérapie, la psychologie et ce que tu dis. »

Oui, vraiment ? Crois-tu ? J'ai plutôt l'impression qu'il n'y a clairement aucun rapport ici. Ce message s'adresse à tout le monde – riche ou pauvre, homme ou femme, traumatisé ou non – et il dit : "Il n'y a personne. Personne n'est riche ou pauvre et personne n'est traumatisé ou pas."
Mais je ne dis pas cela pour soulager la personne.
Ce message n'offre aucune issue aux chercheurs, car ce qui est dit ici, c'est que toutes ces choses sont déjà parfaites en soi.
Qu'il puisse y avoir un accomplissement à trouver dans n'importe quelle situation est une illusion, tout comme c'est une illusion que certaines circonstances empêcheraient un accomplissement. Les soi-disantes circonstances sont ce qui semble se produire et sont naturellement parfaites. Elles sont toutes ce qu'il y a, mais pour personne bien sûr.

« Hm. Peux-tu dire quelque chose encore à propos de ce rapport ? »

De mon point de vue, cela semble se produire davantage dans la spiritualité. Il s'agit là-bas de guérison personnelle et d'illumination personnelle. Tout est souvent mis dans le même sac : les concepts de non-dualité, la psychologie, la mythologie, une pincée d'ésotérisme et parfois d'une certaine façon, les soi-disantes théories du complot.

Rien de tout cela n'a à voir avec ce message. Il est direct et sans compromis. Il est sincère dans ce qu'il dit et ne travaille ni conceptuellement ni émotionnellement. Il ne propose aucun travail.

C'est la perfection qui se révèle parfaitement et reste simplement perfection. C'est ceci. Rien n'est perdu et rien ne peut être gagné. Il n'y a aucun message et aucun moyen d'arriver quelque part.

Il n'y a personne et tout est déjà parfait. Que dire d'autre ?!

— —

« D'une manière ou d'une autre, je pense toujours que je ne doit plus rien faire. Tu dis souvent qu'il n'y a rien à faire. Et pourtant, je continue à faire. »

Il n'y a rien à faire ne signifie pas que vous ne devez rien faire. « Il n'y a rien à faire » n'est pas un appel à une action ou un conseil sur la façon de faire la bonne chose. Cela signifie simplement que rien ne doit être fait pour parvenir à un épanouissement. L'action et l'inaction semblent se produire. Personne n'a jamais agi, tout est non créé.

"Non-créé" dans le sens où il n'y a pas de créateur - ni un petit créateur intérieur ni un grand créateur trônant derrière l'univers. « Il n'y a rien à faire » indique un naturel immédiat qui ne nécessite aucune autre réalisation.

Ce naturel immédiat n'est pas un état, mais simplement ce qui semble se produire : les pensées, les sentiments, les arbres et les nuages, la déclaration d'impôts ou la dispute avec votre partenaire. Toutes ces choses apparentes sont non-créées.

Il n'y a aucun élément agissant derrière elles. Elles sont la réalité naturelle qui est elle-même, non manipulable et non observable.

Rien ne pourrait l'augmenter et rien ne pourrait la diminuer.

"Il n'y a rien à faire" est une indication apparente qu'il n'est pas nécessaire d'agir.

Tout - y compris vous-même - se produit de lui-même et c'est ce qui semble se produire.

Épilogue

La fin est le début. Rien ne s'est produit et pourtant rien n'est resté pareil. Il n'y a rien à en conclure.

La "vie" est ce qui semble arriver - pour rien ni personne.

Toutes les tentatives pour atteindre un certain état ou une certaine expérience n'est rien de plus qu'une tentative de trouver un accomplissement qui n'existe pas et qui n'est pas nécessaire.

Cette vie, qui est parfaite dans sa simplicité et dans sa réalité telle qu'elle est, est la réalité naturelle.

Il n'y a pas de coquille à casser. Il n'y a aucun mystère à comprendre ni aucune illusion à démystifier. Ce qui semble se produire est ce qui est. C'est nu sous nos yeux et pourtant il n'y a rien à voir.

Tout est lui-même d'une manière impeccable - sans défaut, sans intervention externe ou interne. Il ne manque rien dans ce monde apparent et rien qui ne soit exclu de cette fabuleuse perfection, qui n'est rien d'autre que ce qui se passe apparemment.

Tout est déjà lui-même. Rien n'est ajouté. Rien n'est trouvé et rien n'est réalisé. Pourquoi? Qui devrait faire ça ? Qui pourrait en avoir besoin ? Exact : il n'y a personne.

Remerciements

Traduit de l'allemand par Yves Ledig.

Tony & Claire Parsons

Maria Pätzold

Dietmar Bittrich

Vivien Thomas

Iris Campos Sanz

Benoît Strauss

À propos de l'auteur

Andreas est né à Ludwigsburg en 1979. Après quelques années de recherche spirituelle, il rencontre Tony Parsons en 2009.

« Au début, j'étais choqué. Même si je savais déjà beaucoup de choses et que j'avais vécu beaucoup de choses, c'était quelque chose de nouveau et d'inattendu. Soudain, sans raison, j'ai entendu ce que Tony disait. Bientôt, c'était indéniable : "il n'y a personne".»

Andreas donne des conférences et des rencontres intensives depuis 2011 partout dans le monde.